福井怪談

三石メガネ

JN053050

竹書房
怪談
文庫

まえがき

～郷土を愛する一県民より

あなたは福井県を知っているだろうか。

他県の方々に訊くと返ってくるのが「あの東北の」である。次が「九州でしょ」。どちらも福違いなのだが、福井生まれの福井育ちである私としては、こういったやり取りは慣れっこである。

対して、東尋坊や肉付きの面ならば「知っている」と答える人は多い。

福井県が北陸地方にあるということを知らない人たちにとっても、案外こうした福井の断片のようなものが、脳みそのどこかに潜んでいるらしい。

私は、奇妙だったり怖かったりするものが好きだ。

単なる娯楽で終わらないそれらは、後に尾を引く名状しがたい感覚をくれる。遅効性の毒のように、何か月も経ったある日ふと夜の風呂場などで思い出したりする。

苦痛といえば苦痛かもしれない。しかしその反面、もっと深いところまで身を沈めたくなるような衝動をも伴う。

それが地元で起きた話ならばなおさらだ。

毒の罠を身の回りにちりばめるのに等しい。ふとした弾みに意図せず苦しむことになる。

運転中に何げなく案内標識を見上げたときか、友人の引っ越し先のアパートを初めて訪れたときか。聞かせていただいた体験談の数々は、どれも身近な場所で起きたことばかりだ。

それでもなお怖い話を聞くのがやめられない。

この本を手に取ったあなたになら、きっと理解してもらえると信じている。

私がこの福井の地で死ぬまでに、あといくつの話が聞けるのだろうか。

目次

あわら市
坂井市
永平寺町
勝山市
大野市
池田町

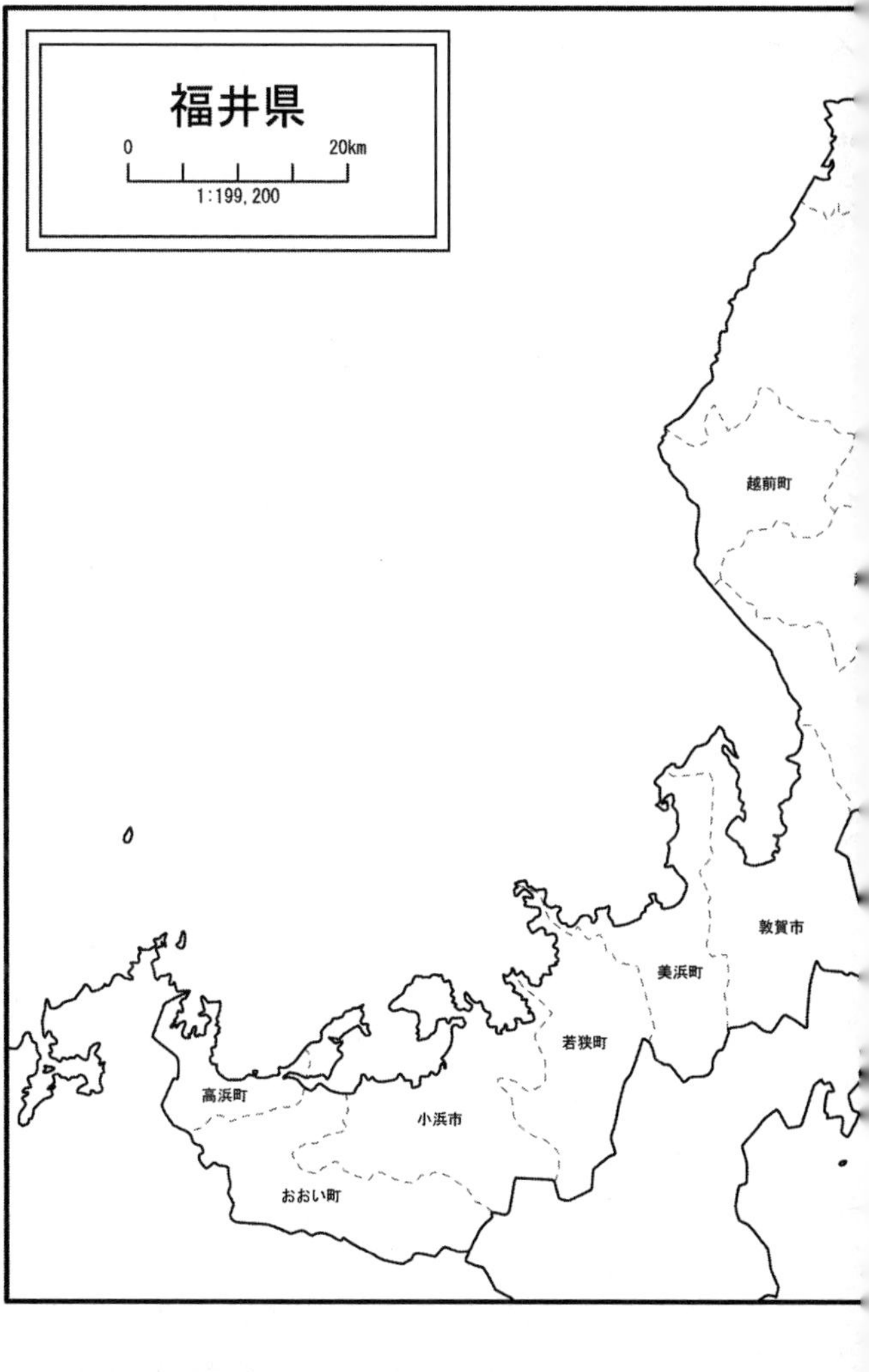
福井県
0
20km
1:199,200
越前町
敦賀市
美浜町
若狭町
高浜町
小浜市
おおい町

福井豪雨

平成一六年七月一八日、福井県嶺北《れいほく》地方に未曽有の豪雨災害が起こった。

床上・床下浸水した家屋は一万三千六百件を超えたという。

このとき私は学生で、幸い自宅は無事だったのだが、被害を受けた友人もちらほらといたのを覚えている。

同じクラスだったイシヤマさんもそのひとりだ。

「私のうちさあ、部屋がプールみたいになったよ」

当時、教室で彼女は笑いながら言った。色白のミドルボブで、おっとりとしているが肝は据わっている。

同じ福井県民の私が驚くほど方言がきついのだが、ここではわかりやすく書かせていただく。

「膝の上まで水が来てさ。うちのお母さんも大はしゃぎで」

彼女の家は河和田《かわだ》にある。その一階が床上浸水したという。

「そしたらすっごい綺麗な鯉が来たのよ」

どこかで飼われていた錦鯉が、自宅のリビングに迷い込んだらしい。

迷い犬や迷い猫ならば聞いたことがあるが、迷い鯉の話を聞くのは初めてだ。

「お母さんと一緒に捕まえようかってことになって。ほら、高く売れそうじゃない？」

災害時にそんなことを考えている場合ではないと思うのだが、彼女はそういう子だ。

「それなりに大きいんだけど捕まらないのよ」

彼女曰く、両足のあいだをからかうようにして泳ぎ抜けていったらしい。

そのまま翻弄された挙句、ゆらゆらと逃げていった。

「部屋の端に、適当に作った仏壇みたいなのがあるのね。イヌの」

イヌとは彼女の飼っていた猫の名前だ。ずいぶんと前に天寿を全うしている。

キャビネットの上に、赤い座布団に乗せた猫のぬいぐるみを置いていた。

ぬいぐるみの首には数珠をかけ、気が向いたときに手を合わせていたとのことだ。

「その仏壇みたいなとこにめり込んで、どっか行っちゃった」

キャビネットには鯉の入り込めるスペースはないらしい。

引き出しに向かって垂直に突っ込み、吸い込まれるようにしていなくなった。

「それって、逃げられたんじゃなくて消えたんじゃあ……」

しかし彼女にとっては大したことではないらしい。

高そうな錦鯉を捕まえられなかったと、そればかり悔しがっていた。

グルメ

おしゃれな今どきの女性、というのがヨシナミさんの印象だ。

雪国らしい色白の肌に明るい茶色のふわふわとした髪の毛が可愛らしい。

美味しいものを食べるのが大好きで、嶺北《れいほく》（福井県北部）だろうと嶺南《れいなん》（福井県南部）だろうと、レストランまでひとりで車を飛ばして食べに行くこともあるそうだ。

「ジャンルはこだわりありません。イタリアンやフレンチも好きだけどお蕎麦とかも好きですよ」

福井には蕎麦屋が多く、自分で蕎麦を打つ人も少なくない。

ワサビの代わりに大根おろしを使うという福井ならではの食べ方もあるくらいだ。

「新しくお店ができるとすぐ行っちゃいます。ただ……」

ヨシナミさんは古いお店が苦手なのだという。

見た目の美しさ云々の話ではなく『古さ』そのものが問題なのだそうだ。

「老舗って意味じゃなくて、建物が古いかどうかってことです。最近だと古民家とか蔵とかを改装したカフェなんかがあるじゃないですか。すごい素敵だとは思うんですけど、私はちょっと」

最初は彼女もそういったところに足を運んでいたそうだ。

ただ舌に合わない。

不味いというより、味に違和感を覚えるのだ。

「舌の付け根の方の両脇にじんわりと独特な味がするんです。言葉にするの難しいんですけど、鉄と草を混ぜたものを押し当てられてる感じ……これ伝わりますかね」

それはどの『古い建物の店』にも共通するのかを尋ねると。

「割合的に高いと思っています。今のところ、建ったばっかりみたいなお店の場合は全然ですから」

昔からそうで、きっと特定の調味料や食材の味だろうと思っていたそうだ。

しかし一緒に行った家族は何も言わない。飲食店の口コミサイトを見ても同じ意見の人がいない。

ヨシナミさんは自分自身に問題があるのだと考えるようになった。

「味覚障害かなって。でも特定の料理ならわかりますけど、店単位でとかよくわからないですよね。だから『その味』がした店は避けながらなんとなく生きてきました」

そんな彼女は大学生のとき、友人と四人で肝試しに行った。

男性二人、女性二人というメンバーで、男友達の車に乗せてもらった。

「福井市にある足羽山《あすわやま》です」

公園やミニ動物園がある一方で、地元民には心霊スポットとしても知られている場所だ。

「西墓地とか慰霊碑塔に出るよって聞いてたんで、みんなで回りました」

夜の墓地はそれなりに怖かったものの、特に何が起こるということもなく終わった。

友人たちは「雰囲気満点だったね」とか「拍子抜けだよ」などと口々に感想を言い合いながらはしゃいでいる。

ヨシナミさんも話を合わせはしたものの、ひとり違和感を覚えていた。

「あの『味』がしたんです。料理を食べるどころかお茶すら飲んでないのに」

古い建物の店で食事をしたときと同じ味だった。

ただ息をしているだけなのにはっきりと感じる。

「気のせいじゃないんですよ、墓地抜ける前くらいからずっと。かといって話題にするほどのことじゃないですし」

上辺だけで笑い合いながら車に戻る。

女友達と二人で後部座席に乗った。男二人は前の席だ。

運転手の男友達がエンジンをかける。

買って一年もしないと聞かされていたワンボックスカーが甲高い咳のような音を繰り返し、沈黙した。

運転手が「あれ、おかしいな」と呟く。

何度エンジンをかけようとしても、車は途中で諦めたように沈黙した。

「その日一番の盛り上がりでした、心霊現象だって。霊が車の中に入ってきていて、私らを帰れなくしてるんだって」

斜め前に座っていた男子が、バッテリーだけ古いんじゃねえのと運転手を茶化す。

隣に座っていた女子は怖い怖いと騒ぎながらも楽しそうだ。

皆が肝試しを満喫する中で、ヨシナミさんは初めて背筋が寒くなった。

「そのとき思ったんです。これ、もしかしたら霊感みたいなものなのかなって」

古い場所には霊的なものが存在しやすい。心霊スポットとの共通点と言ったらそれくらいしか考えられないでしょう、と彼女は言う。

その後、何も知らないヨシナミさん以外の三人が車内でひとしきり盛り上がっているうちに奇妙な味は消えたそうだ。

試しに再度エンジンをかけるよう提案したところ、すんなり動くようになっていたという。

「……要するに、あれって幽霊の味だったんですよね？」

彼女の持論はこうだ。

飲食物はダイレクトに体内に取り込むものである。だから飲食物を介する場合は敏感に霊的な存在の痕跡を感じ取れる。しかしあまりに強い刺激は、その雰囲気の中にいて呼吸をするだけで感じ取ってしまう……。

「味がするってことは、私、今までずっと食べちゃってたんですかね？」

真っ赤なリップを見ながら、私は「どうなんでしょうねえ」としか答えられなかった。

湖面の花

カナメさんが高専生だったころの話だ。

四年生のとき、インターンシップ制度で四日間ほど企業に職業体験をしに行くことになった。

彼女の専門は化学だったので、インターンシップ先は環境調査を行っている企業を選んだ。

「ざっくり言うと、いろんなところの空気や水がどれだけ汚れているか調べるって感じです」

物質工学科の生徒がカナメさんも合わせて三人、全員が女生徒での参加だった。

職業体験といっても、分析機器は専門性が高く高価なためか、ほとんどが各部署の説明を聞くのみだった。

「でも、二日目だったかな、サンプリングに連れていってもらいました」

車で若狭《わかさ》まで行った。

座って話を聞くばかりだったので、気分転換にもなって嬉しかったという。

二名の社員――若い女性社員と中年の男性社員に同行し、計五人で水質調査のためのサンプルを採取しに向かった。

「午前中は瓜破《うりわり》の滝に行きました。とっても綺麗で完全に観光気分でしたよ」

瓜破という名は、漢字通り『瓜が割れるほど水が冷たい』ところからきている。名水百選に選ばれているだけあって、美しく澄んだ水だ。

専用のガラス瓶に水を採取し、次の場所へと向かう。

「途中の店でお昼ご飯を食べてから三方五湖《みかたごこ》に行きました」

三方五湖とは、美浜町《みはまちょう》と若狭町《わかさちょう》にまたがる五つの湖の総称であり、全ての湖は繋がっている状態だ。

五つの湖は淡水・海水・汽水（淡水と海水が混ざったもの）とそれぞれに違った性質を持つうえ、同じ汽水でも湖によって海水と淡水の比率が違うため、全ての湖が微妙に異なった青色をしているという珍しい場所である。

「エンジン付きの船に乗りました。仕事というよりちょっとしたレジャーでしたね」

てっきり湖のほとりで水を汲むだけだと思っていたカナメさんにとって嬉しい誤算だった。

五人でボートに乗り、湖面を疾走する。

音に驚いたのだろうか、魚が何匹も半円を描いて跳ねていた。

天気が良いこともあって非常に爽快だったようだ。

「ボートの停留所っていうのかな、なんかコンクリートでできた波止場みたいなところの手前でストップしました」

湖の中央ではなく、簡素な係留場の数メートル手前で船は停まった。

遠目から、コンクリートの壁面にフナムシと思しき虫が無数に這いまわっているのが見える。

「ゾッとしました、今までがずっと爽やかだっただけに……。湖の水もけっこう濁ってて、なんて言うか――」

午前中にあの滝を見たばかりだったせいもあり、水質の違いに驚いたそうだ。

ボートで走っているときには気づかないものである。

そこでも同じように水を汲むわけだが、男性社員がこんなことを言った。

「誰かひとりやってみてください、って言われました。すっごい嫌でしたよ、近くに手を洗うところもないし」

口答えする勇気はなく、渋々クラスメイトと三人でジャンケンをした。

一発でカナメさんが負けた。

太くずっしりとしたガラス瓶を手渡される。

「瓶は口を上に向けて完全に水に沈めなきゃいけないんです。ちょっとでも気泡が残っちゃうと値が狂うので」

つまり、しっかりと手を湖水に浸さなければいけないのだ。

嫌だなあと思いながら湖面を見下ろす。

目を凝らすと、細かくて白っぽいものが無数に浮かんでいた。

「本当に小さな……直径一ミリくらいの、白い花がびっしりと」

くすんだ白をしていた。何の花かはわからない。

見た瞬間すっと躊躇いがなくなり、両手を水面に沈めた。

こぽこぽと昇る気泡が花をかき混ぜる。瓶に入らないよう手で花を払い、無事サンプル瓶を持ち上げた。

独特の香りがふわりと立ちのぼる。甘味の強い、腐る寸前の果実のような芳香だ。

良い香りだなと思いながら腕に付いた極小の花をつまみ取っていく。

なぜかクラスメイトが同情するような目で見ていた。


「その日から、すごくその香りが気になるようになったんです」

香水売り場に赴くも、似た香りを見つけることができない。

用語に疎いながらも店員に精いっぱい説明するのだが、差し出されたどの香水とも違ったそうだ。

マンゴーの香りが配合されたものが一番近かったが、カナメさん曰く「フレッシュすぎる」らしい。

「何回か夢にまで見ちゃいました」

女性らしき人がカナメさんにあの花を食べさせる夢だった。

らしき、というのは二の腕から指先までの生白い手しか見えなかったからである。

手のひらいっぱいに乗せられた花をそっと口に押し当てられ、頬張る。

夢の中では、それが何とも言えず甘美な体験に思えたそうだ。

手に入らないと余計に欲しくなるのが人情である。

普段は雑談を交わすほど仲良くなかったにもかかわらず、カナメさんは一緒にインターンシップに行ったクラスメイトに訊いた。

しかし話が嚙み合わない。

「匂いなんか感じなかったよって。浮かんでた小さな花のことを説明しても、全然何の話かわかってないみたいで」

花が小さすぎるので見えていなかったのかもしれない。

そう思って言葉を交わすうち、思いがけない言葉が返ってきた。

「あれ花じゃないよ、って言われました。『ボウフラだった』って……」

いくら何でも虫と花を見間違えるはずはない。

そう思ってもうひとりの参加者に声をかけるも、同じ答えが返ってきた。

「でも、一番間近に水面を見たのは私なんです。腕に付いた花を払うとき直接触ったりしましたし」

見間違いではないと主張する一方で、カナメさんはこんなことも言った。

「ただ、瓜破の滝では社員さんが自分でサンプリングしたのに、湖では私たちにやれって言ったんですよね……もしボウフラだったら、自分でやるのが嫌だから私たちに押し付けてやれって思うのもわかるなぁと」

それは勘ぐりすぎではないか、と私は思った。

職業体験なので生徒にやらせるのはごく自然な気がする。

しかしながら三人中二人がボウフラだと認識していたのも事実だ。

どちらにせよ、あの香りの正体はわからないままだという。

「今でも忘れたころにあの夢を見ます」
二、三年に一度くらいの頻度らしい。
夢の中での体験は、このまま目を覚ましたくないと願うほど心地良いそうだ。

「私は女だけど、あの女性ならいいなって思っちゃうくらいです」

今では花の香りだけでなく、生白い腕にも特別な感情を抱いているようだった。

プレゼントボックス

タノウラさんはがっしりとした身体つきの福井市に住む男性だ。

子供の頃の話を申し訳なさそうに話してくれた。

「小学生のころ、仏間にたくさんプレゼントがあったんです」

クリスマスやお歳暮の時期の話かと尋ねるも、そうではないという。

「時期的なもんじゃなくて、常にたくさん置いてあるんです」

低学年とはいえ、小学生がひとり詰み上がった箱の上で充分に寝転ぶことのできる量だったらしい。

しかも平積みではない。

ちょっとした地層のように、何段にも積み重なっていたそうだ。

たまに目新しい箱が増えるが量は相変わらずで、その分どこかの何かが減っているようだった。

「寝転がりながら、下の方に手を突っ込んだりして遊んでました」

どの贈り物も未開封だったらしい。

仏間自体がちょっとしたプレゼントボックスになっていた。

穴掘りのように掘り進み、下の層にあった箱を引っ張り出す。

「それまでは寝転ぶだけだったんですが、ある日、何の気なしにひとつ開けてみたら、今まで見たこともない不思議なものが入ってたんです」

どんな形状の何だったのかと尋ねるも、彼は答えられない。

「すみませんが覚えてないです……すごく不思議で、嬉しくなって、そういうことは覚えてるんですが」

それ以来、彼は気まぐれに箱を掘り返しては中を見るようになった。ちょっとしたゲーム感覚だったという。

それにしても、なぜか家族はこの贈り物に興味がないらしい。

タノウラさんが箱を開けようがその上で寝そべろうが、何かを言うことはなかった。

「僕も小さかったし、当時はそういうものなのかなって」

特に気にせず日常として受け止めていた。

そんなある日、母が電話で叔母と話しているのを見かけた。

「普通ならなんてことない光景なんですが。なぜかその時だけ『これを持ってかなきゃ』と思って」

自分でも理由がわからないまま、タノウラさんは仏間に向かった。

根拠のない使命感でプレゼントの地層を掘り返す。

「電気コンロが入ってました」

彼は迷うことなくその箱を母のもとへと運んだ。

最初は迷惑そうに彼を追い払おうとした母だが、中を見てひどく驚いたそうだ。

「ちょうどそのとき、叔母に電話で『貸してくれ』って言われたところだったらしいんですよ」

母はそれが家にあったことすら知らなかった。

タノウラさんが仏間で発掘作業をしているときに話の流れで叔母に打診され、持っていないと答えたばかりだったらしい。

そこにタノウラさんが来た。

母は叔母に譲る旨を伝え、電話を切った。

「あれだけの箱の中から電気コンロを一発で探し出せたのも不思議ですし、どうして叔母がそれを借りようとしてたのかわかったのも不思議ですし」

わからないことだらけだ。

その大量の贈り物も結局は何だったのかと尋ねるも、

「さぁ……そういうものなのかなあって、疑問に思ったことがなくて」

申し訳なさそうに言う。

今では住む人もなく、実家は取り壊したそうだ。

知らない仏壇

アオイちゃんは私の学生時代の後輩だ。

童顔で人懐こく、明け透けで、皆からは妹のように可愛がられていた。

そんな彼女は今、敦賀《つるが》市でシングルマザーとして息子を育てている。


「私も母子家庭だったんです」

両親は、アオイちゃんが五歳のころに離婚した。

ただ実際はその一年前から父親は家に帰らなくなっていたそうで、四歳の秋ごろからはすでに母子家庭のようなものだったそうである。

両親が正式に離婚したあと、アオイちゃんは兄とともに母親に引き取られた。

兄は四つ上で九歳、当時小学三年生だった。

故あって実家を頼れなかったアオイちゃんたちの母は、借家に母子三人で住むことにした。

場所は丹生郡《にゅうぐん》の糸生村《いとうむら》、今でいうところの越前町《えちぜんちょう》である。山側の、自然豊かな地域だ。

「当たり前っちゃ当たり前なんだけど、あんなとこでもやっぱオトコはいるんだなって」

聞けば、彼女たちの母はかなり奔放な人だったようだ。

夜の借家に兄妹を置いて、フラッと出かけていく。

食卓にはカップラーメンが二つ。

「おふくろの味っていうか、お兄ちゃんの味っていうか」

そういう日には、九歳の兄がカップラーメンを作ってくれたそうだ。

アオイちゃんの分は少し長めに待って、麺を柔らかくして。

「でもやっぱりさみしかったですよ。遊んでくれないし」

兄だってまだまだ子供だから、子守ばかりでなく遊びたい。けれど九歳男子の遊びなど、五歳の女児にはついていけない。

することのないアオイちゃんは借家をうろうろとするほかなかった。

「その借家がね、最初から賃貸用に作ったやつじゃなくて、建てたはいいけどもう住まなくなったからってタイプのやつで」

古い家だった。ふすまに畳、障子も現役だ。

「今じゃあり得ないと思うんですけど、仏壇が残ってたんです」

仏間に置かれた仏壇は彼女たちが持ち込んだものではない。

親子とは何のゆかりもない、知らない人の仏壇だ。

さすがに位牌まではなかったものの、据え付けの家具よろしく最初から置かれていたらしい。

「置いてけぼりにしますかね、普通。引っ越し先に持ってかないですか？」

そしてある日、おかしなものを見た。仏壇から、紙のような細く薄っぺらいものがひらひらと出てきたのだ。

当時のアオイちゃんは不思議に思い、仏壇の前に行った。しかし何も落ちていない。

見間違いかと思って背を向けると、後ろでかすかに空気が動くのを感じたという。

「人が動いたときみたいな感じがしたけど、窓も開いてないし兄も部屋にいないしで」

それから何度か仏壇前でそういうことが起きるようになった。

紙のような何かだけではなくいろいろなものが出てきたそうだ。

「宙に浮かぶヒモみたいなのとかね。別に何をしてくるわけでもないんですけど」

ある日は手が出てきた。やたらと長細くつるりとした質感の手だ。

仏壇から生えた手はするすると床を這い、立ちすくむアオイちゃんへと近づいてきた。

「ビックリしました。でも怖くなかったですね。出方もなんか、そろりそろりって感じで」

何をするわけでもなく、ただ出ては消えるだけ。怖くもないし楽しくもないのだが、アオイちゃんはそこに誰かの存在を感じるようになった。

仏壇の手は、母は帰らず兄にも相手にされない彼女にとって、ちょっとした仲間のような存在になっていた。


「遊んでくれたってことなのかな」

私の推測に、アオイちゃんはうーんと斜め上を見る。

「なんとなくなんですけど。寂しかったんじゃないですか、その……『誰か』も」

特に理由なんてないんですけど、と付け加えた。

「ひとりぼっちって、やっぱ寂しいもんですから」

父の誇り

ヨシエさんは四十代の女性で、三兄弟の一番下だ。

上には二人、すでに結婚して子供も成人した兄がいる。

「どっちもロクデナシでねえ」

金遣いが荒い、常識がない。仏壇を管理することすらできないレベルらしい。

それで、末っ子であるにもかかわらずヨシエさんが父親の仏壇を管理していた。


ある日のこと、彼女の夢枕に死んだ父が立った。ひどく怖い顔をしていたという。

「『俺を粗末にするなら思い知らせてやるぞ』って」

そこでヨシエさんは思い出した。父は生前、苗字に強いこだわりを持っていたことを。

ただ、別段由緒ある家柄というわけではないと彼女は言う。

だが父にとっては誇りのようなものであったらしい。

「でもねえ、今さら私にそんなこと言われたって」

ヨシエさんはとうに結婚しており、苗字も変わっていた。

「どうせ言うなら私じゃなくてあの二人でしょう?」

確かに兄たちは父の誇りとする苗字を継いでいた。

子も儲けており、上の兄には息子が一人、下の兄には息子が三人いた。

「ただの夢だと思ってたんだけど」

すぐにヨシエさんは、上の兄のひとり息子がパニック障害を患っていたことを知った。

患っていた、と過去形なのは治ったからではない。

父の夢の数日後に亡くなったのだ。

「電車に飛び込んで自殺したって」

哀しい報せを聞いてヨシエさんはふと思い出した。亡くなった兄の子が婿養子に入っていたことを。

「あの苗字を継がなかったのよね」

とはいえ偶然かもしれない。

そう思っていたところに、さらなる報せが届いた。

下の兄の息子が一人、入院したらしい。

「ゾッとしちゃった。だってその子も結婚して婿養子に入ってたから」

B型肝炎だった。しかも急性肝炎が劇症化した。

「すごい熱を出して、朦朧としちゃって」

肝性昏睡という意識障害があらわれ、昏睡状態に陥ったという。この劇症肝炎を発症した人の七割から八割は死亡するらしい。

しかし彼の場合、なんとか死の淵から生還した。

「それでもひどい状態には変わりなかったんだけど」

長引く体調不良は夫婦仲にも影響する。

そして彼らは離婚した。

踏んだり蹴ったりとはこのことなのだが、思ってもみない展開が訪れる。

「離婚したとたん医者が驚くほどに回復してね。あっという間に完治よ」

やっぱり苗字なのか。

ヨシエさんは父の存在を強く感じ、この話を下の兄にしてみたが。

「『孫にそんなことするわけないだろ、普通』って言われておしまいでした」

それでもヨシエさんは自分の考えを捨てられなかった。

あの父ならあり得る、と思ってしまうのだという。

「こんな平凡な苗字のどこが良いんだかねえ」

本にするにあたって苗字は伏せさせてもらったが、彼女の言うことはもっともだと思う。

福井に限らずどこにでもいそうな、非常にありふれた名前だった。

障子の向こうに

ヨツイさんは福井市に住む四十代の男性だ。すらりと背が高く、年齢よりも若く見える。

「私が保育園に通っていたころの話です」

ヨツイさん親子は父方の祖父母の家で同居していた。古き良き日本家屋だ。

優しい祖母がよく面倒を見てくれていたのを覚えているという。

「夏の夜でした。母が病気になったので、代わりに祖母と寝ることになったんです」

祖母の部屋は畳敷きで、落ち着くにおいがした。

蚊帳《かや》を張った布団の中に入ると、一日の疲れからかすぐにまぶたが重くなる。

胸を叩くトントンというリズムで夢へと落ちた。

「でも、珍しく夜中に目が覚めまして」

縁側の方を見る。月明かりが障子を薄く照らしていた。

不思議と気になって目を離せずにいると、背後で祖母もまた目を覚ました様子があった。

「なぜか二人して同じ夜中に起きたんです。そしたら」

前の廊下を誰かが歩いていた。きしむ床板の音が、次第に二人のいる部屋へと近づいてくる。

障子に映る影は父だろうか、大人の男のものだ。

「……『それ』が部屋の前で立ち止まりました」

不安になって祖母を振り返る。

明らかに何かをわかっていた様子で、影を見る顔に緊張が走っていた。

祖母はすぐに目を閉じ、幼いヨツイさんの手をぎゅっと握る。

「あわてて祖母みたいに寝たふりをしようとしたんですが」

人影の頭部が、強烈な光を放った。

ぎゅっと目を瞑る。光の名残が網膜に緑色の円を描いた。

固くこわばった祖母の手を握り返して息を殺す。

暑さのせいではない汗がじわりとにじんだ。

「いなくなったのか確かめられないままじっとしてて……、気が付いたら寝ていました」

そして朝が来た。

ヨツイさんはなぜか昨晩のことを忘れていたという。

「よくわからないんですが。思い出したのは数日後でした」

あれだけ強烈だった体験にもかかわらず祖母は何も言わない。

すぐさま問うと、祖母はそんなことなどなかったときっぱり否定した。

怖い夢を見たのだろうと言い、しゃがみ込んでヨツイさんの頭を撫でる。

「絶対に知らないおじさんが来て光った」と訴える彼に、祖母は優しく「人の目は光らないでしょう」と諭す。

光ったのが目であったことをそのとき初めて認識したそうだが、その違和感に気づいたのは数年経ってからだ。

とにかく、幼かった彼は自身の体験を認めてもらおうと繰り返し訴えた。

譲らない孫に呆れたのか、祖母は諦めた顔で立ち上がる。

——長生きできんよ。

ため息交じりの独り言を、ヨツイさんは今でも覚えている。

福井心霊スポット①気比松原《けひのまつばら》

敦賀《つるが》市の海岸沿いに広がる松林で、日本三大松原のひとつである。

万葉集や日本書紀にも詠《よ》まれる景勝地であり、昼間は観光地として賑わいを見せながらも、心霊スポットという一面も併せ持つ場所だ。

林の中は昼間でも薄暗く、どこか不安を感じさせる空気がある。

松で首吊り自殺をする者が多いようで、幽霊の目撃談が絶えない。

運転手がなぜか意識を失った状態で車を発進させて対向車線に突っ込んだ、といった体験談もある。

近くの海でも溺死者が多発しており、心霊写真が撮れるそうだ。

敦賀に住んでいる霊感の強い知り合いは「私は海なら大丈夫」らしいが、こと松原に関しては「絶対に近づかないようにしている」とのことだ。

Yトンネル

福井市の某中学校の近くにはYトンネルがある。

福井から鯖江《さばえ》に抜ける際はよく使う場所で、見通しが良いにもかかわらずやたらと事故が多い。


冬、雪がちらつく晩のことだ。

会社の飲み会が終わったアラキさんは、鯖江に向けて車を走らせていた。

「私はお酒が飲めないのでいつもドライバーやってるんです」

その日も同僚二人を後部座席に乗せて家まで送り届けるところだった。

どちらも同じ職場の五十代前後のおじさんで、若い女性であるアラキさんとは性別も世代も違う。

しかしながら、実家の米をあげたり家庭菜園の野菜をもらったりするなど、世代を超えた友人のような関係を築いていた。

アラキさんの車がYトンネルへと入る。

ずっと夜道を走ってきたはずなのに、トンネル内に入ったとたんまとわりつくような薄暗さを感じたそうだ。

しかし特に問題もなく外へと抜ける。

車道の右手は歩道だ。歩道の向こうは山になっており、黒々とした草木で鬱蒼としている。

その歩道に、人がいた。

「確かに歩道ですけど、辺りは真っ暗だしこんな場所でしょ」

女性だった。

白い生足にハイヒールのパンプス。スカートは膝よりかなり上の丈で、大ぶりの花柄だった。

「こんな寒い冬の夜道であり得ない格好してるなって思ったんですが、それより……」

視線を上に移す。

女性の身体は腰でぷっつりと切れていた。

それでも歩いている。

カツカツとヒールの音が聞こえそうなくらいの足取りだった。

「ウギッて変な声が出ました、キャーみたいな可愛いもんじゃなくて。そしたら後ろのおじさんの一人が気づいてくれて」

何か見ちゃった？　と優しく訊かれた。

アラキさんはハンドルを強く握りながら何度もうなずく。

「『目が合った？』って言われましたけど、合うも何も目なんて付いてないわけですよ」

今なら饒舌に答えられるが、そのときの彼女にそんな余裕はない。

首を細かく振るのが精いっぱいだった。

「確かに、親戚に霊感の強い人がいて、その人からも聞いたことあるんですよね。目を合わせちゃいけないって。目さえ合わなかったらオッケーだからって」

首を振るアラキさんに向かって、後部座席からおじさんが安心したように「ああ、それなら」と答えた。

「『見逃してあげる』って言ったんです」

思わずバックミラーを見た。

酔っぱらった赤ら顔のおじさん二人が、緩んだ顔で並んでいる。

先ほどの言葉はどちらが発したものだったのだろうか。

「訊けませんでした。だって嫌でしょ、誰もそんなこと言ってないよとか言われたら……」

今も二人とは世代を超えた良き友人としてやっている。

あの夜の話は、どちらからも出ていない。

指先の記憶

シノクラさんが高浜町のとある田舎道を南に向けて走っていたときのことだ。

ひとりで車を運転していると脇腹が震えた。スマホがメッセージを受信したらしい。

着ていたジャンパーのポケットに手を突っ込む。

「来たらすぐチェックしないと落ち着かないんです。依存症気味ですかね。でも信号がなかったし、わざわざ路肩に停車するまでは行かないし」

右手で運転しつつ左手でスマホを取り出した。

横目で素早く送信者を確認する。母親からだったので、急ぎの用ではないと判断してポケットに戻した。

「運転しながらだったから入れ方が悪かったみたいで、ポケットからスマホが落ちちゃいました」

ちょうどSトンネルに差し掛かったときのことだった。

ほぼ直線の、さして長くはない道である。

スマホはサイドブレーキと運転席とのあいだに滑り落ちてしまった。

「しまったなあと思いました。手の届くところに引っかかってるなら良いんですが、奥まで入っちゃってるとなかなか取り出しづらいんです。それこそどこかに車を停めて、本格的にやらなきゃいけない」

対向車はいない。

どのあたりにスマホがあるかだけでも今すぐ知りたくなった。

暗いトンネルを走行しながら、シノクラさんはサイドブレーキと運転席との狭い隙間に左手を突っ込む。

何にも触れないことに焦りながら、精いっぱい指を伸ばして差し入れると。

「握られたんです。中指と薬指を、キュッて」

何かがシノクラさんの指先を握った。

思わず声を上げて手を引き抜く。

「絶対に人の手でした。感触でわかるじゃないですか、なんとなく」

ほんの一瞬の出来事だったが、柔らかく汗ばんでいたのはわかったという。トンネルを抜けたあとすぐに車を停めた。座席の下にはスマホが落ちていたが、それ以外には何もなかった。

「それから、これもバカにされると思って他の人には言ってないんですけど」

シノクラさんは居心地が悪そうに打ち明けた。

「あれ以来、左手だけが冷え性になったんですよね」

友情は今も

福井県はオタマジャクシのような形をしている。

頭が嶺北、シッポが嶺南と呼ばれ、なぜ同じ県なのかと思うほどに文化が違う。

そんな福井県の嶺北地方に、弥生から古墳時代にかけて造営された古墳群がある。

名前は伏せるが、その近くに学校が建っていた。


「うちの学校は古墳の上に建てたものなんだって噂でした」

そう話して聞かせてくれたのは卒業生のカサハラさんである。小動物を思わせる可愛らしい女性だ。

「あくまでも噂ですよ。だって普通そんなことしませんよ、よね？」

学校の近くの古墳群は心霊スポットとして有名だ。

もし噂がウソだとしても、そういう場所が近いことには変わりない。

と言っても当時思春期だったカサハラさんは、そういったことを気にせず学生生活を送っていた。

なにしろ恋に部活にと毎日が忙しい。

「友達と会話のネタにする程度でしたね」

本気で怯えるということはなかった。

それよりもよっぽど人間関係の方が悩ましい。

友達と片思いの相手が被らないかどうか、気難しいあの子に恨まれないよう距離を置くにはどうしたらいいか。

特に同性との関係に心を砕いていたという。

「あるあるですよね、女同士の。休み時間にトイレに行くにもちゃんと声かけなきゃみたいな」

ひとりで行動すると波風が立つ。

だからカサハラさんは、その日も友達とともにトイレに行ったそうだ。

「二人で話しながら個室の前まで行きました」

じゃあねと視線を交わしてそれぞれ個室に入る。

用を済ませたら手洗い場へと向かった。

「まだ友達が来てなかったから、髪とか整えて待ってたんですけど」

来ない。

ずいぶんと長いな、と思いながらもカサハラさんは鏡の前で待ち続けたそうだ。

二人で来たのだから二人で教室に戻らなければという不文律は私にもわかる。

「やることもなくなっちゃって、それでもまだ来なくて」

カサハラさんはもう一度戻った。

友達の入った個室の前に立つ。

「空っぽでした」

開いたドアから中が見えた。

便器の水がかすかに揺れている。

「えっ、友達いつ出てきたの？」

私が思わず訊くと、彼女は平然と答えた。

「出てきてませんよ」

誰もいない個室の前で困っていると、別の友達が声をかけた。

「何してんのって言われて、友達を待ってるんだって言ったんですけど」

友達って誰のこと？　と問われて彼女は気づく。

「あの子が誰なのかがわからなかったんです」

クラスの友人をひとりずつ思い浮かべる。

しかし、誰でもない。

「そんな友達いなかったんです。そしたら、後から来て声をかけてきたほうの友達が『あんたさっき誰と話してたの』って」

ひとりでしゃべりながら歩いてたよ、と指摘された。見えていなかったらしい。

カサハラさんもすぐには腑に落ちず、なんとか説明をしようとした。

しかし思い出せない。

顔も声もつかみどころがなく、ただつい先ほどまで言葉を交わしていたということ以外に何もわからない。

「誰だったんだろうね」

私が言うと、彼女は「わかりませんけど……」と前置いた。

「でも、絶対に友達だったんです」

妙に透き通った笑顔だった。

坂の上にあるもの

敦賀には金崎宮《かねがさきぐう》という桜の名所がある。

恋の宮として有名で、毎年『花換《はなかえ》まつり』が行われている。

神社でそれぞれ受け取った桜の枝を好きな人に差し出し、無事交換することができたらカップル成立という流れだ。

もっとも、ここは延元元年（一三三六年）に新田義貞が足利軍と戦った古戦場でもある。

中学時代、その近くを毎日のように走っていたのがシオドさんだ。三年間をずっと陸上部として過ごした。

「学校の近くにちょうどいい坂があってね、そこを走らされるの。で、登り切ったら折り返し」

散歩にも使える自然豊かな遊歩道だ。石畳で整備されており、車も来ない。道は山にまとわりつくようにして曲線を描きながら、城跡へと続いている。敦賀の街なみや敦賀港を見下ろせるという贅沢なコースだ。

「やっぱり先輩の方が速いから、折り返してきた先輩とすれ違うのね」

登りに比べると下りは楽だ。

しかし、あるとき先輩たちの表情がいつもとは違っていた。

「一番先に戻ってきてた先輩二人が真っ青で……。具合でも悪くなったのかなって」

とはいえ、二人同時に体調不良を起こすなど珍しい。

部活後に訊くも、先輩たちは言葉を濁した。口にも出したくないという様子だったらしい。


また別の日。

いつものようにシオドさんがロードワークをしていたときのことだ。

息を切らせる彼女の後ろに、複数の足音が迫ってきた。

「普通に、同じ部活の子がいるんだなって思いながら走ってたよ」

追い抜かれるわけでもなく振り切れるでもない。

一定間隔を保つようにして、その足音と一緒に走り続けた。

「そしたら、なんか急に身体が重くなってきたのね」

普段よりも疲れやすい。今日は妙に調子が悪いなと思いながら進んでいく。

風景を見る余裕もなく、ただ、後ろを走っているであろう仲間の足音に励まされて進み続けた。

学校に戻ってきたころにはヘロヘロで、今にも倒れそうだった。

「先生がどうしたんだって声をかけてきてさ」

同じ部活の子も先生と同じような顔でシオドさんを見ていた。

しかし様子がおかしい。

単に体調を心配しているというよりも、不可解な出来事に困惑しているという空気だった。

「その日は私がビリだったの」

部内ではとびぬけて足が速いというわけではない。それでも、いつもの練習で最後に到着したのは初めてだ。

「そんなに追い抜かれた覚えはなかったんだけど」

シオドさんが学校に戻ってきたときには、部のメンバー全員がそろっていた。

しかも皆の呼吸はすっかり整っている。

ひとり息を弾ませていると先生に訊かれた。

「今までどこ走ってたんだ、って」

質問の意味がわからなかった。

皆と同じ道をいつものようにしか走っていない。

しかし、先生曰く『シオドさんは皆より三十分以上も帰ってくるのが遅かった』という。

——どこかで具合でも悪くして倒れているのではないか。

そんな風に心配した先生が部員たちに声をかけるも、誰も何も知らない。

確かに一緒にスタートして同じコースを走っていた、という声しか上がらない。

「仕方ないよね。私だって、誰がどこを走ってるかなんて逐一チェックして走ってるわけでもないし」

いつからか、誰の視界からも消えていた。

そんな感じで彼女は、三十分以上も多く走り続けていた。

折り返し地点まで行って帰るだけの、毎日のように繰り返してきた単純なルートを。

「けど体感的にはいつもと同じ時間だったんだよ」

風景もいつもと一緒だった。迷うなんてあり得ない。足を止めてもいない。

ただ、異様に身体が疲れやすかった。


もしかして、真っ青になってた先輩たちもそんな体験をしたんですかね、と私が問うと。

「わかんないなあ。あのあと二人とも辞めちゃってたから」

何を聞き出せることもなく接点がなくなった。

ただ、シオドさんと同じ体験をしたと仮定するには無理がある。先輩二人の場合は帰る時間が遅かったわけではない。

そのことを私が口にすると。

「……さあねえ。ただ、やっぱり部活内では『あそこは何かある』って噂にはなってたよ」

シオドさんは曖昧に答えた。

それが何なのかはわかんないけどね、と。

そういう日

今から三十年以上前の話だ。アカネさんは越前市の某中学校に通っていた。

「たしか秋でした。当時は保健室登校をしてました」

教室には向かわず、一日の大半を保健室で過ごしていた。

ほかにも保健室登校をしている生徒はいたが、その日その日で来る時間が違う。

アカネさんもそうで、精神的に難しい日は登校時間を遅くしたり休んだりしていた。

調子のいい日でも大抵は昼前には帰っていたらしい。

「あのときは毎日が静かでしたね」

保健室の先生に別の用事ができたときなど、部屋に彼女ひとりきりになるときがあった。

「そんなときは、先生の書いた日誌みたいなのを盗み読みしてました」

一日の保健室の様子をまとめたノートのようなものがあったらしい。

誰が何時にどんな理由で運ばれてきたかなど、毎日記録されていた。

「私が保健室にいるのは午前中だけなので。私の知らない午後の様子を知れるのが何だか面白かったんです」

先生が席を外すたびひそかに読み進めていく。

あまり好きではなかった学校生活の、貴重な楽しみだった。

「体育の時間に転んで膝を擦りむいたとか、イスが後ろに倒れてまぶたを切ったとか。大体はそういうのばかりだったんですが」

よくある学校風景の中で、アカネさんは驚くべき記述を見つける。

「友達が自殺未遂をしたって書いてありました」

アカネさんが教室に登校できていたときからの友人だ。

日誌には『意味不明なことを口走り二階の窓から飛び降りようとした』と書かれていた。

「私、あんまり学校で死ぬ人の気持ちがわからないんです。どうせ死ぬなら自分の部屋とか、もっと落ち着ける場所を選びたいなと」

何を悩んでいたのかはわからないが、そういった行為に走る気持ち自体は理解できた。

ただ、アカネさんが驚いたのはそこではない。

「他にも二人いたんです。その日だけ、なぜか三人が飛び降り自殺してました」

全て未遂で済んだのは不幸中の幸いだった。三人は学年も性別もバラバラで、自殺しようとした場所も時間帯も違っていたという。

ただ、全員が詳細の欄に『意味不明なことを口走って窓から飛び降りようとした』と書かれていた。

「みんなが何を言っていたかまではわかりません。わざわざ聞きに行くわけにもいかないですから……」

日誌に書かれていた情報しか知らない、とのことだ。

「でも、窓から飛び降り自殺をしようとする生徒は定期的に出てたみたいです。三人も出たのはあの日だけでしたけど」

アカネさんは日誌の記録から周期的なものを感じたそうだ。

だから「これだけ間が空いたからそろそろだな」と予感することがあったという。

「あの学校にはそういう日があった、ってくらいしか私にはわかりませんね……」

その後、飛び降り自殺をしようとした友人と学校の廊下で顔を合わせることがあった。

「何も知らないふりをして立ち話をしましたけど、けろっとしてて、特に変わった様子は感じませんでした」

卒業後も友情は続き、アカネさんが福井を出るまでは連絡を取り合っていたという。結婚して子供も産まれ、幸せそうに暮らしていたとのことだ。

ネットアイドル

「言っとくけど、ものすごく前の話だからね」

シノオカさんは釘を刺した。


彼女が通っていた高校にはマルチメディア室があった。

空調が効いた部屋で、ずらりとパソコンが並んでいる。

当時はまだデスクトップ型で、本体にはフロッピーを入れるスリットが付いていた。

「情報処理の授業で使ったりしてたんだけどね、それがもう、すんごいヒマで」

授業内容に興味のなかったシノオカさんは、先生に見つからないようパソコンで遊んでいた。

とはいえアクセサリ内のゲームは根こそぎ消されている。

ならばとブラウザを立ち上げるも、普通にインターネットを使うことはできない。

誰もが見知った有名検索エンジンサイトの代わりに表示されたのは、地元のプロバイダのページだ。

「けど、そのプロバイダ関係のページだけは見られるようになってたの」

ダイヤルアップでネットに接続していたような時代である。

今のようなＳＮＳはなく、自分を表現したい人々は個人のホームページを作っていた。

それに合わせて各プロバイダが、契約者向けに個人サイト開設用の容量を数メガバイト程度無料提供していたのだ。

どうやら、地元のプロバイダが提供したスペースに開設されたサイト限定なら、学校のパソコンから見ることができていたようなのである。

「ぶっちゃけ全部つまんないよ。でも授業よりはマシだから」

教師の目を盗んで楽しんでいるうち、ある女性たちが作ったサイトに行きつく。

いわゆるネットアイドルだ。

「アイドルって言っても自称だからね、誰でもなれる。その人たちは二人組で、結構マメに更新してたな。自撮り載せたり日記書いたりね」

ある果物の名をユニット名にしていた。

どちらも色白で痩せているという共通点があったものの、ルックスには結構な差があったらしい。

片方の女性――B子さんだけが、彼女曰く『貧相な顔』だったというのだ。

「言っちゃ悪いけど痛々しかったんだよね。美人な友達の横で自信満々な顔してるし、自覚ないのかなって」

一種の観察対象として冷笑気味に見ていたらしい。

彼女たちには少ないながらもファンはいたようで、たまに掲示板に書き込みがあった。

シノオカさんはそのやり取りすらも『寒い』と感じていたらしい。

「今だったら絶対やらないよ。でもそのときは何でかな、イライラしてたのかも」

掲示板に名指しで『B子さんはブス』と書き込んだ。

誹謗中傷をしているという自覚はなく、これと言って目的もない、ただなんとなくやってしまったとのことだ。

放課後にパソコンを使った課題をやっているときで、授業時とは違う席のものを使用していたため、特定される心配がなかったことも一因かもしれない。

課題が終わって友達と部屋を去るときには、書き込んだこと自体を忘れていた。

「そのあとも何度かサイトは見てたよ」

シノオカさんの書き込みは消されていた。何事もなかったかのように、日記はその後も数日おきに更新され続けた。

思い返せば更新頻度は下がったのかもしれない。ただ、その原因は自分の書き込みのせいではないはずだと彼女は言う。

「片方の子が結婚決まったらしくて」

B子さんではない方の子の幸せな報告がアップされていた。

それに伴い、二人だったネットアイドルグループは解散するとのことだった。

もっとも入籍に至るまでのプロセスがそれ以上報告されることはなく、またファン数も一人二人だったことから、存外静かな幕切れとなったらしい。

削除されることもなく、更新されなくなったサイトだけがひっそりと残されたそうだ。

「結婚の日記からしばらく経ったころかな」

体育の授業でマラソン大会の練習をした。

白髪交じりの教師は結構なスパルタらしく、雨が降り出したにもかかわらず生徒にマラソンコースを走らせたらしい。

小雨どころか本降りの中、全身が重く冷たくなっていく。走るのが得意ではないシノオカさんはクラスメイトにどんどん抜かれ、かなり後ろの方になった。

「木のそばを走ってるとき、誰かに背中を突き飛ばされたの」

泥水で濡れたアスファルトに顔面から突っ込んだ。

走り疲れていたせいか手を出すのが遅れたらしい。

鼻血が噴き出し、顔中をすりむいて、傷口には砂粒が入り込んだ。前歯も欠けた。

後ろを走っていた女子二人が心配して駆け寄ってきてくれたそうだが、揃ってこう言ったのだという。

「今誰か押したよね、って」

白く細い手が見えたそうだ。それ以外はわからない。

片方の子は「よく見ていなかったけど手だけってことはないでしょ」と言い、もう片方の子は「二の腕から先だけが空中に浮いていた」と言った。

「白くて細いってところであのネットアイドルを思い出しちゃった。B子さんもそうだったから」

　個人サイトにたくさん上げられていた写真を思い浮かべた。

「でも、さすがに腕だけでB子さんの仕業って断定できるものなのかな？　シノオカさん自身は実際見てすらいないわけだし」

　私の疑問に対し、彼女はこう説明した。

「さすがにブスって言われたくらいで自殺まではしないと思うけどさ。ただ、私の顔が泥と砂と血でグチャグチャになっちゃったとき、すぐ後ろで誰かが言ったんだよね」

　女の声がしたらしい。

『お前もブスじゃん』と。

フリマ詐欺

眼鏡会社に勤めていたころに仲良くなった先輩社員がいる。

その方に「怖い話を聞きたいなら」と紹介されたのがヨコヤマさんだ。


鯖江市に住む若い男性で、いつもひとりで過ごすことが多い。

休日はもっぱら家でスマホをいじっているが、たまに本を読みたくなるときがある。

「読みたい本ができたら今すぐ手に入れる派なんだ」

抑揚のない声でヨコヤマさんは言う。

手に入れた本は基本的に読み返すことはなく、一読すれば満足するらしい。

「けど図書館は返すの面倒臭いだろ。買うのは金かかるし」

そこで彼が思いついた方法はこうだ。

まずスマホでフリマアプリを使い、出品者からお目当ての本を購入する。

家に本が届いたらフリマアプリで出品者に「たくさん傷がついていた、汚れがひどい」と報告する。

こんなのは話が違うとクレームをつけると、ほとんどの出品者が下手に出るらしい。

「ときどき『証拠の画像を見せてくれ』って人もいるけどな。そのときは本当に傷つけたり汚れを付けたりして写真を撮れば済むから」

返品対応までには時間がかかる。

それまでの数日間で本を読み切る。

「返せって言われたら返すよ。だけど相手はいらなくて出品してるわけだから、着払いで金払ってまで読み終わった本なんか取り戻さないだろ」

今までの出品者はみな『返品不要で取引をキャンセルさせてほしい』と申し出てきたという。

たかだか数百円のもので事を荒立てたくないらしい。

同じ本が複数ある場合は女性の出品者を選ぶのがコツだという。

泣き寝入り率が高いと踏んでのことだ。

「ただで欲しい本が貰えるんだ」

法律的にもアプリの規約的にもアウトではないのか。

しかし彼は今までにペナルティを受けたことはないらしい。

ほとんどの場合において『双方合意の上での取引キャンセル』という形になるからだそうだ。

さらに出品者側は、汚れや傷がヨコヤマさんの付けたものであることを証明できない。

「あんまりやると使用制限がかかるって噂も聞いたけど、フリマアプリのアカウントなんてどうにでもなるから」

悪びれもなく言ってのける。

私は内心、怖い話ってそういうことじゃないんだけどと思った。

もう切り上げようかと考え始めたとき、話は本題へと移る。

「……あのときも本を女から落札したんだ。前から読みたかったビジネス書があって」

やはりいつもの手で本を落札し、クレームをつけて返品を要求したらしい。

出品者の女性はなすすべもなく取引をキャンセルし、本は返さなくていいと言ってきた。

そうして手に入れた本はどうしているのかが気になり、ヨコヤマさんに尋ねると。

べりながらゆっくりと読書を楽しんだ。

「読み終わったら取っとくよ。それこそまた売れるし」

そのときもヨコヤマさんは上手く行ったことに満足し、二階にある自室のベッドで寝そべりながらゆっくりと読書を楽しんだ。

一時間もしないうちに読み終わったので本棚に入れる。

そのあとはスマホでお気に入りの動画を見始めたそうだ。

「変なとこ押した記憶はないんだけど」

突然、スマホがどこかに電話を掛け始めた。

慌てて呼び出しを切るボタンを押す。

「知らない人の番号だった。つながる寸前で切ったけど」

誤操作だろうと思い、再度ゲーム実況の動画を見始める。

しかし、通信状況が悪いのか動画はとぎれとぎれだ。

実況者の男性の声がブツブツと切れ、音が割れて不快なノイズのようになる。

最後には男の声が無感情に叫び続けた。

「ア・ア・アーってボーカロイド（機械音声）みたいな声になってた」

仕方ないのでスマホの電源を切り、ついでに充電ケーブルを差す。

夜遅かったこともあり、ヨコヤマさんはもう寝ることにした。

電気を消してベッドに寝転がる。なかなか寝付けなかったものの、ようやくうとうととし始めた。

すると、何かが顔にポタポタと垂れてきた。

さらさらとした液体で妙に生温かい。

「雨漏りなんかしたことないから。ギョッとして跳び起きて、すぐに部屋の電気点けようと思った」

暗闇の中を、電気のスイッチがある壁へとすり足で向かっているときだ。

突然の地震が起きた。

バランスを崩したところに、背後から激しく頭を殴られる。

強烈なショックに意識が飛んだ。

「ちょうど本棚に背を向けてて、それが倒れてきたんだ」

床と本棚の合間でうめく。

強烈な痛みで息をすることすら辛いのに、意識が飛んだのは一瞬だけだったという。

気絶したほうがマシだと思っていると、母親が一階から駆け付けた。

ひどい音がしたから何事かと様子を見に来たらしい。

「ただ、後から聞いた話じゃ地震なんてなかったって言われた」

はじめは母親が鈍感なだけだと思ったらしいが、家族で地震があったと訴えるのは彼ひとりだった。

ネットで調べてもそれらしき情報は出てこない。

ヨコヤマさんは救出されたものの、肋骨と手の計四カ所を骨折したとのことだ。

倒れた本棚から散乱した本のうち、ヨコヤマさんの血で汚れたものは後日家族が処分した。

たいして読み返さないくせに取っておくから悪いのだ、と母親に小言を言われたらしい。

「それ聞いて、あっと思ったんだよな。どの本の出品者か知らないけど」

やってきたことに対する自覚はあったらしい。

今ではすっかり完治したものの後遺症が残ったそうだ。

「たかが数百円でそんなに恨むかね」

鼻で笑いながらヨコヤマさんは言った。

彼の右手の指二本は、二度と曲がることはない。

祓えない人

ヤスミツさんは、私が眼鏡会社で働いていたころに知り合った男性だ。

今では転職して違う会社に勤めているものの、社交的で物腰の柔らかい彼とはいまだに細々とした交流がある。

とにかく人好きのする性格で、同じ会社だったころも常に人に囲まれてニコニコとしていた。

そんな彼に「心霊体験談を集めてるんですが、何かありませんか？」と連絡をした。

唐突だったにもかかわらず、何かの役に立つのならと自身の体験を聞かせてくれた。

「前に言ったかもしれませんが、俺は三兄弟だったんです」

彼は長男で、弟が二人いた。

「真ん中の弟が自殺しましてね。三・一一のときに仕事が激減しちゃって、それで」

独身のひとり暮らしだったらしい。

練炭を部屋で焚き、ひっそりと旅立った。

「同居人がいなかったもんだから、俺が発見した時には死後十日以上経ってて……」

腐乱していた。

生前の姿を知っているだけに、ことさらこみ上げるものがあったという。

すぐに通報し、実況見分が行われた。

流れるように葬式の話となり、葬儀社を呼ぶ。

「そこで三男と激論になりました」

ほとんど喧嘩のような怒鳴り合いになってしまったらしい。

「この遺体を親族たちに晒せるのか、って」

最期だから顔を見て見送りたい。

そう主張するヤスミツさんに三男が言う。

——兄ちゃん、このまま燃やした方がみんなの為だよ。

彼にも無論その気持ちはわかる。

対立しているわけではない。ただ、一番いい方法がわかりかねていたのだ。

もどかしい話し合いをしていると、葬儀社のひとりが話しかけてきた。

化粧師らしい。三十代くらいの小柄な男性だった。

「優しそうな人でした。『当然の事ですが、お母さまだってきっと息子さんの顔を見ながら見送りたいですよね』とおっしゃってくれて」

ヤスミツさんはうなずいた。

兄弟でもそうなのだから、こと母になればなおさらだろう。

「そしたら化粧師さんが『正直、私の技量では五分五分なのですが、ここは私に任せて下さいませんか？』と」

そして数時間後、ヤスミツさん曰く『奇跡を見た』そうだ。

「泣きましたね……これで顔を見てもらえるわけですから」

本当に素晴らしい仕事ぶりだったらしい。家族が知っているあの弟が戻ってきた。

「兄弟そろって頭を下げましたよ」

その後、葬儀はしめやかに執り行われた。

顔を見られるのはこれで最期だ。その機会があったことに一同は感謝した。

「で、話したいのは通夜のときのことなんです」

自宅に親族が集まり、酒を交わしながら故人を偲んだ。

その席で、叔父がこんなことを言う。

「死者があの世に赴くときには、現世で生きてる親しい人たちの厄や、幸せを妨げるものを一緒に持ってってくれるんだよ、って」

出典はわからないが、そのときはそうなのだなぁと思って聞いた。

そして一週間ほどが過ぎた。

「いきなり建設業を営んでる弟夫婦に大きな工事の受注が決まったんです」

誰もが絶対に無理だと思っていたそうだ。

しかも不況のさなかである。

夫婦にとっては蜘蛛の糸に等しい救済だった。

「ほぼ同時に、父にも執行役員昇進の辞令が出て。短期間に二度の奇跡ですよ」

それでヤスミツさんは思い出した。叔父のあの話だ。

「偶然だって言うにはあまりにも立て続けですしね」

それに……、と続ける。

「もし俺が弟だったら、絶対同じことしますから」

ああヤスミツさんらしいなあ、と私は思った。昔からそういう人なので、彼の周りには人が絶えない。

そんな彼のご兄弟なのだから、弟さんもそういう方だったのだろう。

「もし叔父の話が本当なら、これは弟の最後の孝行ってことですよね？」

幸せの内容よりも、弟の存在を感じられたことが嬉しかったそうだ。


「ちなみにヤスミツさん自身には何かありましたか？」

私が訊くとすぐに答えが返ってきた。

「それが何もなかったんですよ。俺だって兄弟なのに！」

冗談交じりの言葉が返ってきたが、私は妙に納得した。

彼には多分、祓うべき厄がない。

喝

今から十年ほど前、ミナミさんが池田町の実家に住んでいたころの話だ。

蒸し暑い真夏の日中を、当時中学生だった彼女はクーラーの効いた自宅のリビングでしのいでいた。

外はカンカン照りだから出る気がしない。

母も同じ気持ちだったようで、リビングのソファで雑誌をめくっていた。

夏休みの宿題もせず座椅子でくつろぐミナミさんに、母が声をかける。

「もうすぐお盆ねえ。あんた、おじいちゃんのお墓参りどうする?」

ちらりと窓を見る。

遮熱のためカーテンを閉めてあるが、その向こうがどれほどの地獄かはわかっていた。

ましてや母方の祖父が亡くなったのは彼女が小学生にも満たないころだ。

思い出と言われても「煙草を取って」と言われて手渡した記憶くらいしかない。

交流も思い入れもない祖父と灼熱地獄とを天秤にかけた。

「んー、めんどくさいなあ」

ミナミさんが答えた瞬間だった。

視界の端で、何かがスパークした。

「わっ」

驚いて振り向く。

確かに右耳付近で何かが光った。それは、真正面にある棚のガラス戸からも見えた。

「なに今の！」

母がミナミさんに声をかけるが、答えられるはずもない。

「知らないよ……車のライト？」

「カーテン閉まってるでしょ」

周囲を見回すもそれらしきものはない。

テレビも消えているし、棚のガラス戸の中に光るものなど入ってはいない。

何よりミナミさん自身、自分の耳もとが光るのを感じていた。

しかしそこは空中だ。

「すごい光だったよ、あんたの真横。何もないのに」

母はちょうどミナミさんの方を見ていたので、あの閃光を直接目撃したらしい。激しい線香花火のようだったという。

二人でひとしきり討議して、それでも出ない結論に呆然とした。

ふと訪れた沈黙ののち、母がしみじみと切り出す。

「やっぱり、一緒に行こうよ。お墓参り」

「……うん」

それ以来、ミナミさんは毎年欠かさず祖父の墓参りに行くようにしている。

雄島橋

福井県坂井市には『雄島《おしま》』という島がある。

神の島と崇められる一方、心霊スポットとしても有名だ。

東尋坊で自殺された方々の遺体がここに流れ着くという噂がある。

もうひとつ、「雄島を歩く際は反時計回りをしてはいけない」という噂も有名だ。

散策路は四十分ほどで一周できるのだが、必ず時計回りに歩かなければいけないのだという。

反対に巡ると帰りの橋で霊が出る、とり憑かれる、ひどい場合は死んでしまうなどと囁かれている。

ただ、私は実際に行った際にうっかり反時計回りをしてしまった。幸い、今のところこれと言ったことは起きていないのだが……。

しかし、知人の中にはそれなりの体験をした人もいる。

冬の夕方、カワイさんが雄島を見物し終えたときのことだ。

「反時計回りをしました。昔から、やっちゃいけないと言われるとやりたくなる性分なんです。平日だったからか人が少なくて、帰るころには誰もいませんでした」

雄島と陸地を行き来するには雄島橋という朱塗りの橋を使う。かなり長く、海を一直線に切り裂いたかのようだ。

潮に流された東尋坊の自殺者がこの橋脚に引っかかるという噂もある。

真偽はどうであれ、この橋での目撃談が多いことは確かだ。

「帰りは薄暗かったです。でも足元は見えるし、もともとそういうのは信じない方なので」

冬は陽が落ちるのが早い。

ひとり橋を渡っていると、背後からペタペタというかすかな音がした。

歩きながら振り向くが誰もいない。

ふと視線を落とすと、橋の一部が濡れていることに気づいた。

「足跡に見えました。水から上がってきたみたいな、濡れた跡」

ぎょっとして顔を近づける。

足跡ではなかった。

無数の赤い手形が、自分に向かって伸びている。

「さすがにそこからは全速力ですよ」

あの手の数は一人分ではなかったという。

「噂ってバカにできませんね。人の言うことは素直に聞くもんだなあと」

追いつかれたらどうなっていたのだろうか。

福井心霊スポット②雄島隧道《おしまずいどう》

雄島そのものも有名だが、こちらもいわくつきである。

雄島へと向かう道の途中にある短いトンネルなのだが、非常に狭くて暗い。中ほどには横穴が掘られており、その先には観音像が安置されている。

この観音像の目が、まれに赤く光るという。通りかかった際に目が赤いと事故に遭うらしい。運転手を交代すれば回避できるという話だが、真偽は不明だ。

観音像の横に女性の霊がぼうっと佇んでいた、という話もよく聞く。

ちなみに観音像の前には賽銭箱があり、内部には刃物が仕込まれているらしい。

福井心霊スポット③敦賀《つるが》の少年自然の家周辺

広く知られてはいないものの、敦賀出身の方々に尋ねるとときおり挙がるのがこの場所である。学生時代にオリエンテーションで使ったことがあるという友人は「『百舌の部屋』にだけは絶対に入りたくなかった、とても嫌な感じがしたから」と話す。

いわく、この友人だけでなくほかの子供らまでがみな口をそろえてその部屋を嫌がったというのだ。

また、建物周辺では「兵隊の姿を見た」「夜中にもかかわらず大勢の足音が聞こえた」との体験談もある。

一体どのような因縁があるのだろうか。

東尋坊帰り

福井県の三国《みくに》町には東尋坊という崖がある。

その昔、東尋坊という僧侶が平泉寺《へいせんじ》の僧侶仲間に崖から突き落とされたことが名前の由来だ。彼の死から四十九日間は海が大荒れになったと言い伝えられている。

東尋坊の名は県内ならず県外でも有名だが、それは自殺の名所としてだ。

しかし行ってみると意外ににぎやかで、天気のいい休日ともなれば多くの観光客が押し寄せる。

東尋坊へと続く道の両脇には、人々を挟むようにして土産物屋や飲食店が所狭しと立ち並ぶ。

国の天然記念物に指定されている、れっきとした観光スポットだ。

それでも長く福井で暮らしていると、ときおり不思議な体験をしたという声は耳にする。

「写真を撮るとオーブがびっしり写り込む」

「夜、公衆トイレから女性の泣き声が聞こえてきた」

「記念写真を撮ったら、崖からあり得ないほど細長い手が伸びて肩に掴まっていた」

などなど。

どれも又聞きだったりそれ以上の展開はなかったりするのが残念である。

私も訪れたことはあるが、楽しい時間を過ごしてしまった。


「ひとつ体験談ありますよ。東尋坊のせいかわかりませんけど」

そう言ったのはサカイさんだ。

社交的で女性受けしそうな顔立ちの彼は、はっきり言ってモテる。

「当時付き合ってたミサキって子と東尋坊に行ったんです」

よく晴れた日の昼過ぎだった。手をつなぎ、他愛のない会話をしながら散策していた。

道のわきにいるおこぼれ狙いの野良猫を見て、彼女が可愛いと声を上げる。

人慣れしていないのか、ミサキさんの顔を見るなり怒った様子で逃げて行った。

「ベタですけど、記念にスマホで写真撮ったりとかして」

崖をバックに自撮りする。

もっと淵まで下がろうとするサカイさんを、彼女がきゃあきゃあと声をあげて止めた。

「じゃれ合ってる感じです、ほらお化け屋敷デートみたいな感じで。本当に落ちそうならやりませんって」

怖い怖いと繰り返すミサキさんの肩を抱いて撮影した。

頭を寄せ合いながら画像をチェックしたとき、彼女がつぶやいた。

――え、なにこれ。

液晶画面を見た途端に顔を引きつらせる。

「いや全然イミわかんなくて。最初は写真写りのこと気にしてるのかなー、面倒くせーなーって思ったんですけど」

私の顔がおかしい、とミサキさんは言った。

写真の中の彼女は何かに耐えるように口を一文字に結んでいたそうだ。

「確かに怖い顔になっちゃったなーとは思ったんで、撮りなおそうかって言ったんです」

しかし彼女は首を振る。

「『私ずっと怖いって言ってたでしょ、口閉じてるわけないでしょ』って。ああそっちね、みたいな」

サカイさんはいろんなことを気にしないタイプだ。細かいことだけでなく、そこそこ大きな問題ですら気にしない。

そのときも彼はシャッターのタイミングがズレただけだろうと考えた。最近新しいアプリを入れたので動作が重くなったのかもしれない、と。

「で、今度は『目もおかしい』って言い出して。細かいこと言うなーって思って、そっから面倒くさくなって話逸らしたんですけど」

どんなふうにおかしかったのか尋ねてみた。

「片方だけ白目だったか、片方だけ変な方向を向いてたかのどっちかでした」

記憶が怪しいらしい。

「そんなん光の加減でしょ。でも結構いつまでもグズグズ言ってて」

繊細なミサキさんとは性格が合わなかったらしい。

しばらくして二人は別れたそうだ。

「そしたらなんか、だんだん様子がおかしくなってってたんです」

別れてからもミサキさんとは連絡を取り続けていた。

もともと共通の友人が多かったため、他の友人も交えて一緒に遊びに行くこともあったという。

「今まで通り普通に話すんですけど、訳がわからないところで突っかかってきたりとかして。そういうときは口調も別人みたいに乱暴で」

かと思えば、会話の途中にいきなり笑い出したりする。

ミサキさんは徐々に仲間うちからも心配されるようになっていった。

「俺と別れてあんまり経ってなかったし、ノイローゼだろうって思って」

仕事中、サカイさんの職場にまで電話を掛けてくるようになった。これも付き合っていたころにはなかったことだ。

大した用があるわけではなく、要領を得ない内容ばかりだったらしい。ミサキさんが今まで興味がなかったはずの編み物の話を一方的に喋ってきたこともあった。

しかしサカイさんは、その都度刺激しないよう穏便に応対したらしい。電話が来れば話し相手になり、部屋に来いと言われれば行ったそうだ。

「でもいい加減疲れたんで、友達に相談したんですよ」

女友達に電話をして今までのことを打ち明けた。

ミサキさんの友人でもある彼女もまたこのことを心配しており、親身になって聞いてくれたそうだ。

そして、自分もお世話になっているという霊媒師にこのことを相談してみると言った。

「で、答えが返ってこないうちにまた呼び出されたんです」

ミサキさんからの電話だ。首が痛いから今すぐ家に来てくれとしきりに訴えていた。

時間は夜の十一時を過ぎている。

今から向かうと伝えたあと、すぐにあの女友達に電話をした。

「霊媒師さんに電話番号教えてもいいか？　って訊かれました」

サカイさんの焦りが伝わったのか、提案を了承したとたん電話が切れた。

そうこうしているうちにミサキさんのアパートに到着する。

霊媒師からのアドバイスはまだ貰えていなかったものの、いつ電話が貰えるかわからない状態だったこともあり、とりあえずミサキさんの部屋へ入った。

「本当、あり得なかったですよ。部屋とかグチャグチャだし。今までは片付けできる子だったのに」

入るなり、耳慣れない口調でまくし立ててくる。

一切反論せずに抱きしめるなどしながらしのいだ。

それでも全く落ち着く気配はなく、サカイさんは大声で罵倒されたり号泣されたりしながら耐えた。

「頑張ってたらやっと電話が来ました。登録してない番号だったし、これは霊媒師さんからだって思って」

年配の女性らしき声だった。

話は共通の女友達から大体聞いているという。

霊媒師は次のようにサカイさんに指示を出した。

『今から私の声が彼女に聞こえるようにしてください。それから、暴れないようにしっかりと押さえつけること』

そして念を押すように強い口調で言う。

『何があっても絶対、外には一歩も出ないでください。二人とも必ずそこにいること』

サカイさんはスマホをスピーカー状態にした。

ミサキさんの背後に回り、細い身体を羽交い締めにする。

「できました！」

大声で言うと、霊媒師がスピーカー越しに何事かを言い始めた。

お経のようであったという。

と同時に、ミサキさんがものすごい力で暴れ始めた。

獣のように吠えながらでたらめに手足を振り回す。

長い髪を振り乱し、後頭部がサカイさんの顔面を打った。

唇を切りながらも言いつけを守ろうと、とにかく必死で押さえ続ける。

女の力くらいどうにかなるとタカをくっていたが、どこからこんな力がと思うほどに強い。

いよいよ本当に体力が持たないと思ったとき、ミサキさんからふっと力が抜けた。

「気絶、って感じでした」

ぐったりと動かない。

汗でぐっしょりと濡れ、髪が張り付いて、ミサキさんの表情はうかがえなかった。

意識のない身体を抱き、へなへなとその場に座り込む。

「やっと終わった、唇痛えって思ってたら……」

電話口で霊媒師が怒鳴った。

『今すぐ逃げて！』

反射的に立ち上がる。

ミサキさんは相変わらず倒れたままだ。

『早く！』

背中を押されるように、訳もわからず部屋を飛び出した。

アパートの階段を駆け下りて夜道に飛び出す。

普段はしないくせに、車に乗ったとたんしっかりと施錠をした。

しばらく車を走らせるうちに鼓動が落ち着き始め、そこでようやくいろいろなことに気づく。

彼女は失神したままだし、玄関のカギも開いたままだ。

このあと犯罪に巻き込まれてしまうかもしれないという不安が頭をもたげる。

「だけど……それでも、戻る気にはなれなかったですね」

サカイさんは苦笑した。

以来、ミサキさんとは連絡を取っていない。

霊媒師を紹介してくれた女友達を含め、共通の友人とも極力会わないようにした。

ミサキさんのことはニュースになっていないので大丈夫だったのだと思うようにしている、とのことだ。

いたずら電話

ダイラさんは大学卒業と同時に福井県を出た。

県外の企業に就職し、今ではそこで出会った女性と結婚している。

「福井かあ。雄島も東尋坊も、大学のとき夏休みに一回行ったことあるよ」

雄島から東尋坊までは車で数分だ。

日中は賑やかで風光明媚なため、車が運転できる大学生になると仲間うちで遊びに行く者は多かった。

「定番だけど反時計回りもやったなあ」

雄島見物を終えたダイラさんたちは、車二台にわかれて東尋坊に行った。

そのころにはすっかり日暮れて空が青みがかった薄墨色になっていた。

自然、いかにも肝試しといった雰囲気になる。

「これで女の子でもいりゃ良かったんだけど、男ばっか六人でさ」

先輩二人と留年して同級生になった元先輩が一人、そして同級生が二人。

バスケットボールのサークルメンバーを中心に集まっていた。

ただしダイラさんはサークルメンバーではない。

仲の良い同級生たちが行くというのを聞きつけ、人見知りをしない彼は『俺も乗せてって』と頼んだとのことだ。

ちなみに先輩二人とは『学内ですれ違ったことくらいはあるかもしれないが、ほぼ初対面』だったそうである。

「一度も行ったことがなかったからちょうど良いやって。自分で運転して行くほどじゃないしね、面倒臭いし」

駐車場に車を停め、ぞろぞろと東尋坊へ向かう。

ダイラさんは手ぶらで来たため、懐中電灯を持つ同級生の友人二人と一緒に行動した。

すでに閉まった商店のあいだを通り過ぎると開けた場所に出る。

視線の先にはあの崖が広がっているのだろうが、何しろ暗い。

懐中電灯で足元を照らしながら進んでいった。

「夜でも意外と人いたよ、カップルだったかな。二組くらいとすれ違った」

東尋坊はけっこう広い。

はじめは全員で正面の崖を見に行ったものの、そのうちにばらばらと散らばり始めた。

「救いの電話って有名でしょ、アレ見たくて」

先輩グループと離れ、ダイラさんは同級生どうし三人で電話ボックスへと向かった。

拓けた場所にぽつんと立っているのですぐに発見できた。

近づくと、ガラスの壁には新聞の切り抜きや自殺志願者に向けたメッセージがいくつも貼られている。

誰かに電話するための十円玉も数枚置かれていた。

「そのあとは崖に戻って、もうちょい先に行ってみるかってことになって。さっきはパッと見るだけだったから」

途中、先輩グループとすれ違ったので立ち話をする。

「別の方にも救いの電話あったぞーとか、向こうにあるトイレがヤバいらしいぞとか。みんな楽しそうだった」

切り立った崖へと向かう。

まさに断崖絶壁だ。一番高い場所だと約二十五メートルにもなるらしい。

東尋坊を構成する岩は柱状節理と呼ばれ、棒状の岩を縦に束ねたような特殊な形状だ。

闇を掻き分けて奇妙な岩を下っていくのは、何とも言えない感覚だったという。

「長さの揃ってない巨大割り箸を百本くらいゴムでくくって、その上を歩かされてる感じ。わかる？」

さすがにダイラさんは気を引き締めた。

足場が非常に悪く、すぐにつまずいて転びそうになる。

「意外と柵とかなくてさ、自殺する気がなくても落っこちそうだったよ。あれ酔っぱらってたら本気でヤバいんじゃない？」

光を滑らせると唐突に岩が切れていた。

その先は虚空だ。

落ちた場合には死か、それ以上の苦しみが待っている。

聞いたところによると、自殺者の三割は一生ものの障害を負って生還するそうだ。

「これ以上は危ないかって戻ろうとしたんだけど」

突然、ダイラさんのスマホが鳴った。

タイミングがタイミングだけに肝をつぶす。

「多分、先輩らの誰かがもう帰ろうかって言うために掛けてきたのかと思って」

その場で画面を見る。

『公衆電話』と表示されていた。

「思わず声が出ちゃったよね。だって、さっき見てきたばっかりだったしさ」

あの『救いの電話』を連想していた。おそらくその場の全員がそうだっただろう。

手に取ったまま混乱しているあいだじゅう、電話は鳴り続けた。

「あんまり切れないから取ってみたんだけど」

無言だった。

ダイラさんの持つスマホに友人二人も耳を寄せる。

電話の向こうで、かすかな呼吸音が聞こえた。

「話しかけても無言だったけど、でも絶対誰かが聞いてる気配はあった。で、そのうち友達が『先輩じゃね？』って」

友人の一人が「別行動をしている先輩たちのいたずらではないか」と言い出した。

三人のあいだに安堵が広がる。

「『やめてくださいよ先輩ー』って言ったら切れちゃった」

三人からすっかり恐怖心が消え、会話が弾む。

ビビってた、いやビビってない、の押し問答をしながら絶壁を後にした。

合流するために先輩たちが向かったと思しき方角へと歩いている途中、友人の一人がぽつりと漏らす。

「『でも先輩らってお前の電話番号知ってたっけ?』って言われて」

確かに友人たちは同じサークルだ。

しかしダイラさんは違う。

ほとんど初対面と言っていい関係だ。

「ゾッとした。でも、Aさんとは——留年して落ちてきた元先輩とは連絡先を交換してたから、その人が掛けたんだろうって」

その方向で納得するほかなかった。

しばらく歩いたのち、無事先輩たち三人と合流する。

「開口一番確認したよ、電話掛けましたよねって」

三人の先輩たち(うち一人は留年して同級生になったわけだが)の反応をうかがった。

早く安心したかったのだ。

「バレたか」と笑いながらカミングアウトするか、それとも「掛けてない」とすました顔で白を切るか。

反応はこのどちらかだと予想していた。

「でも、なんかいきなり空気が微妙になったんだよ」

先輩たちが互いに顔を見合わせた。

「まさか、本当に誰も掛けてなかったの？」

私が訊くも、そんな感じでもなかったんだよなぁと返される。

「先輩らが『ああ……』とか『まあ……』とか言って。掛けたには掛けたんだろうけど、なんか隠してるっていうか」

ダイラさんたちが促すも口が重い。

それでも、やはり先輩たちが『救いの電話』からダイラさんに電話したということははっきりした。

それならば何を隠しているのか。

終始言葉を濁されて、結局うやむやなままに帰路についた。

それでも夏休みが終わったころには、そんな出来事などすっかり忘れていた。

ダイラさんは普段通りの日常を過ごしていたそうだ。

学校が始まり一週間ほど経ったある日、一緒に東尋坊に行った同級生との会話でこんな話題が出る。

――Y先輩、学校来てないらしいぞ。

「雄島と東尋坊に行った二人の先輩のうちの一人ね。留年してない方の先輩。俺その人とは交流なかったから、まあ大学生の中にはそんな人もいるんだろうなあくらいにしか思わなかったな。そのときは」

そのうち、同じクラスの元先輩・Aさんの様子がおかしいことに気づく。

「それなりに仲いいと思ってたんだけど、明らかに俺のこと避け始めたんだ」

理由はわからない。

ほかの同級生二人とは、同じサークルということもあってか変わらず仲良くしているようだった。

微妙な関係の変化に気づいた同級生二人がAさんに話を訊くと、こんなことを漏らしたという。

——俺、ダイラの番号なんか教えなきゃよかった。

「あの夜、唐突にY先輩が、今すぐ俺に電話を掛けなきゃみたいなことを言い出したらしい。で、Aさんが俺の番号をY先輩に教えた」

ダイラさんの番号を知ったY先輩は、すぐに救いの電話から掛けた。スマホを使わなかったことを考えればいたずら目的なのではないかと推測できる。

しかし、そもそもなぜY先輩はダイラさんにいたずら電話を掛けたのか。

「いたずらされるほど仲良くないんだよ。初対面だもん」

理由を知りたくてもAさんには避けられている。

同級生二人も詳しいことは教えてもらえなかったとのことだ。

何もわからないまま時間だけが過ぎて今に至る。

「なんか、遠まわしに俺のせいみたいになってるのが納得いかないんだよな」

ダイラさんは不機嫌そうな声で言った。

あの日以来、Y先輩の噂は聞いていないとのことだ。

ひとりでどうぞ

マルヤマさんは四十代の女性だ。

「怪談ねえ。私には霊感がないんだけど」

そう前置きし、十年近く前に親戚が亡くなったときの話を聞かせてくれた。

「母と二人でお葬式に行ったの。母方の親戚だったから」

長らく介護施設に入院しており、最後は誤嚥性肺炎が原因で亡くなったらしい。

葬儀は敦賀のとあるセレモニーホールで行われた。

「それなりに大きくて綺麗な所だったよ。そのときはうち以外の葬儀はやってなかったけど」

マルヤマさんは母と二人、ボタンを押してエレベーターが降りてくるのを待った。

他愛ない会話をしているうちにチンっと音が鳴る。

エレベーターのドアが開き、がらんとした箱の中身を晒す。

マルヤマさんは先に乗り込み、『開く』のボタンを押したのだが。

「母がね、その場から動かなかったのよ」

乗らないのかと声をかけると。

「『やっぱり階段を使うからいいわ』って言われて。ダイエットかなって」

わかったと返事をしてドアを閉め、会場である三階のボタンを押す。

一足先に着いたマルヤマさんのもとに、階段で上ってきた母が遅れてやってきた。

「でも変でしょう。最初から階段使う気なら、一緒にエレベーターを待たなくても良かったじゃない?」

そのことを母に伝えると、当然のようにこう返されたという。

――だって満員だったから。

「……言うの忘れてたけど、うちのお母さん霊感強いのよ」

エレベーターにはみっちりと人が詰まっていた。

だからもう入れなかったのだ、と母は言った。

「じゃああのとき私にも言ってよって話よ。うじゃうじゃ死人がいる密室に閉じ込められてたんだからさあ」

母に抗議するも、あなたは見えないでしょうと一蹴されたとのことだ。

「それならさ、せめて最後まで気づかせないようにするのが優しさってもんだよねえ」

マルヤマさんは冗談を言うように笑いながら、固く腕組みをした。

姑と実母

シツミさんは鯖江から小浜へと嫁に来た、六十代の女性だ。

子供はとうに巣立って家庭を持ち、実の両親はすでに鬼籍に入っている。夫の建てた木造住宅で、数年前までは姑と夫婦の三人で暮らしていた。

当時、この姑が彼女の悩みの種だったという。

「認知症で、介護が大変だったんです」

身体的にはまだまだ元気で、昼夜問わず家じゅうを歩き回っては何かしらをしていた。

シツミさんの下着を自分のものだと思って持っていったり、トイレットペーパーを冷蔵庫に詰め替えたり。

隣人に布団を盗まれたから返すよう言ってくれ、と訴えてきたりもしたそうだ。

悪気がないことはわかるだけに、心労は溜まっていったという。

「デイサービスは利用していました」

いわゆる通所介護だ。

自宅で生活しながら日帰りで施設に通い、入浴や食事などの様々なサービスを受けることができる。

義母は友人が少なかったとのことで、デイサービスによって他者とふれあい刺激を受けることも期待していたそうだ。

「リハビリになると思ってたんですが、あまり変わりませんでした」

通所中は確かに気が落ち着いた。

しかし、やはり帰宅すると姑さんの悩ましい行動に苦労したという。

「あの夜が今までの中で一番怖かったですね……」

シツミさんは昔から夜中に何度も目が覚めてしまう体質だった。

その日も夜中一時ごろに目を覚まし、階段を下りて一階にあるトイレへと向かった。

途中、キッチンに人の気配があることに気づく。

「何かいるなっていう音がしてたので、お義母さんかなと。電気も点いてました」

不審に思った彼女がトイレと反対方向のキッチンに行き、ドアを開けると。

「お義母さんが天ぷらを揚げていたんです」

ガスコンロの前には姑が呆けたように立っていた。

その顔がオレンジの光に照らされている。

黒い鉄鍋から、柱のような火が上がっていた。

「実際に目にすると、あたふたするばっかりで動けませんでした」

火柱は天井に届くのではないかという勢いだ。

「濡れ布巾を掛けなきゃとは思うんですが、まず布巾を探すのに手間取って」

それでも近くの手拭きタオルを引っ掴んで濡らす。

すでに周囲の空気は熱く、とても近づくことはできなかった。

遠くから狙いを定めて投げるのだが上手く行かない。

義母はただ見守っているだけだ。

「実際には燃え移ってなかったですけど、あのときはこのまま火事で焼け死ぬのかなと本気で覚悟しました」

そのとき、夫がキッチンに駆け込んできた。

すぐに事態を把握した様子で、リビングに置いてあった洗濯物からバスタオルを取って濡らす。

天ぷら鍋を覆うようにして被せ、オレンジの炎を封じた。

「驚きました。起きてくるとは思わなかったので」

シツミさんの夫は一度寝ると朝まで起きない。寝入りが早く眠りが深く、ちょっとやそっとの物音では目が覚めないのだ。

驚いた彼女が感謝とともにそのことを伝えると。

「夢に私の母が出てきたって言うんです」

他界したシツミさんの母が、険しい顔で夢枕に立ったという。

――クニヒロさん！　クニヒロさん！

訳もわからず大声で怒鳴りつけられる。

――あんた、うちの子が頑張ってんのに何寝てるんやって！

さすがの夫も夢か現実かわからないままに飛び起きたらしい。

妻がいないので部屋を出たところ、階下で何やら起きていることに気づいたそうだ。

「天井は焦げましたけど、それくらいで済みました。家も命も母に助けられたなと……」

現在義母は施設に入り、穏やかに暮らしているとのことだ。

蒐集通話

平日の夜十時過ぎに電話がかかってきた。

子供の寝かしつけを終え、静かな時間を過ごしていたときのことである。

私と同い年の息子がいる友人のミユキさんからだった。以前は看護師をしていた。

しばらく話をしたのち、ついでに何か怖い話はないかと訊いてみる。

「ああ、視える同僚ならいたわ」

看護師仲間にクロカワさんという霊感の強い女性がいたそうだ。

「廊下を普通に歩いてたら、いきなり後ろから『あーちょっと！　……あーあ』とか言ってくるの」

ミユキさんが驚いて何事かと尋ねると。

「『今あんた頭踏んだよ』って」

病院の床から頭が生えていたらしい。

もちろんミユキさんには見えないのだが、クロカワさんが言うには「よく壁や床からいろいろな身体の部位が生えている」のだという。

「見えちゃうけど祓えない、って人みたいで、ときどきお祓いとかも行ってたわ」

ナースステーションに一緒にいたときの話だ。

会話をしていると、ふとクロカワさんが鬱陶しそうな顔で斜め下を見た。

見ると、白衣の裾が不自然な形に突っ張っている。

「ちっちゃい子が引っ張ってる、みたいな」

もちろん誰もいない。

あっと思っているうちに、クロカワさんが荒い手つきで裾をはたいた。

「よくそういう仕草してたよ。私もつい『何?』って訊いちゃってさ」

――いや、しつこいからさあ。

返ってきた答えに「あ、すぐそこにいたんだ」と気づいてしまう。

ミユキさんがこわばった表情になると、クロカワさんは眉頭を上げて当然のように言った。

「『あんたの横にもいるよ』って。さっきから私のこと見てるって……」

見えない刃《やいば》を向けられた気がした。

これ以上知ってしまうと仕事すらままならなくなりそうなので、詳しい話を聞くのはやめたそうだ。

「そういうことを夜勤中にも話すわけよ」

その日、ミユキさんは主任と夜勤をしていた。主任は五十歳手前のふくよかな女性だ。

二人ともクロカワさんの心霊体験談を聞いたあとだった。

「職場が職場だからさ、もうめっちゃ怖くて。主任も本気で怖がってたけど、仕事は仕事だからさあ……」

ミユキさんはひとり深夜の病院を見回っていく。

とあるトイレの前を通りかかったとき、妙なことに気が付いた。

「普通トイレの個室って使われてなかったら全部ドアが開いてるでしょ。病院のトイレも、外からでもわかるようになってるんだけど」

廊下からトイレを見る。ドアは確かに全部開いていた。

しかし、音がする。

カラカラとトイレットペーパーが回るような。

「怖いんだよ、怖いんだけど何かあったら困るじゃん。それで頑張って見に行ったら」

主任がドア全開で用を足していた。

怖かったからドアが閉められなかったのだという。

「しっかり見えちゃった……」

「そっちか！」

電話口で爆笑した。てっきり心霊現象だと思っていただけに。

その後もしばらく雑談をして電話を終えた。聞いた話を思い出しながらメモ帳に書き留めていく。

書きながら私は「やはり看護師でも幽霊は怖いのだな」と実感した。仕事上ある程度慣れているのかもしれないと思っていたのだ。

だからこそ、何も言わず電話を切って良かったなと思う。

ミユキさんとの通話中、心霊体験を聞いているときだけ通話状態が悪くなっていた。

風が吹いたときのような音がしたり、ミユキさんの声が割れたりした。

しかしそれは私だけにしか聞こえなかったらしい。

電波の都合かとも思ったが、霊に関わる話以外は全く問題なく通話できた。

ただの雑談、例えば主任のトイレの話などのときは、通常通りのクリアな音声だった。

今回の通話でいくつかの心霊体験を聞いたが、それぞれミユキさんが思い出したときに話し始めるので、時間帯に偏りがあるわけでもない。

彼女が心霊体験を話すときだけピンポイントで問題が発生したのだ。


仕事に関係なく幽霊は怖いということがわかったため、今もそのことは伝えていない。

チギセさん

ハギノさんは県内の病院に勤める看護師だ。

何か怖い話はないかと尋ねると、やはりいくつかあるという。

「場所が場所だけにいろいろあるよ」

四人部屋の病室からナースコールがあった。夕方のことだ。

入院患者が、子供の走る足音がうるさいからどうにかしてくれと怒っている。

また別の日の夜にも同じ部屋からクレームが来た。

小さな男の子が何度注意してもカーテンをめくってくる、とのことだ。

「ずーっとなのよ。その病室、いっつも小さな男の子のクレームが来るの」

何度患者が入れ替わってもなくならない。

同室の別の患者の見舞客が連れてきたというわけでもなさそうだ。

そして、だれもその男の子の顔を見た人はいない。

けれどその部屋に入院した患者は口をそろえて「男の子をどうにかしてくれ」とナースコールを鳴らす。


「うちの病院、小児病棟ないんだけどね」

ハギノさんは首をひねる。子供が死んだという話も聞かないそうだ。

「……ああ、ナースコールと言えば」

話しているうちに思い出したらしく、もうひとつ聞かせてくれた。


彼女が夜勤をしていたときのことだ。とある個室からナースコールがあった。

「誰も入院してないのにだよ」

念のために見に行くも、当然ながら誰ひとりいない。

「一晩に四回かな。最高記録」

その個室ではよくそういうことがあるそうだ。

誰かそこで亡くなった人がいたのか、と尋ねると。

「もともと個室ってのは人が死にやすい場所なのね。急変したりそろそろ危なかったりする患者さんは個室に移るから。お亡くなりになった場合はその場で処置とかもするし」

なるほどと納得する。

「特にその部屋はナースステーションに近いから、急変した患者さんに来てもらう率が高いのよ」

患者の中には霊感の強い人もいるらしく、その場合は非常に嫌がられるそうだ。

この部屋は嫌な感じがする、ここにいたくないから変えてくれ、と頑なに拒否されるらしい。

「あと……これがよくわかんないんだけど」

この部屋で亡くなる患者には共通点があった。

容態が悪化した際、朦朧とする意識の中で妙なうわごとを言う場合があるらしい。

「『チギセさん』って。さん付けだし人の名前かなあとは思うんだけど……」

しかしながら口走った本人以外その人物を知る者はいない。

「今のところ、その人のこと呼んじゃった患者さんは必ず亡くなってるのよね」

死亡する患者全員というわけではないが、偶然の一致という数でもない。

共通の知人と考えるには患者の年齢も性別もバラバラだそうだ。

それとなくご遺族に尋ねたこともあったそうだが知っている人はいなかった。
現在はその病院を辞めて別の病院に勤めているので、もう聞くことはないのだが。

うるさい

「私が看護学生の頃だからそこそこ前の話になるよ」

ヤツシマさんは、友人たち三人と酔っ払いながら歩いていた。何かの打ち上げのあとだ。

夜の大学病院――福井大学医学部附属病院の廊下を、大きな声で話しながら並び歩く。

すると、突然に横っ面をはたくような怒声がした。

――うるさい！

「耳元で叫ばれたみたいだった。しゃがれてたからお年寄りかな。男か女かはわからない」

浮かれていたメンバーはいたずらっ子のように顔を見合わせた。

しかしひとり、ワダ君だけは引きつった顔をしている。

いい年をして叱られたくらいで、と思っていると、彼は
「今の声、この部屋から聞こえてきたよな？」

と言いながら右の扉を指さした。

それ以外に近くに部屋はないのでおそらくそうだろうと思い、ヤツシマさんは何の部屋かを確認する。

霊安室だった。


「……っていう夢を見たの」

ヤツシマさんが付け加えた。

「えっ、全部夢ですか？」

困惑して尋ねると、友人たちで打ち上げをしたところまでは本当だという。

ただし夜の大学病院で騒ぐこともなければ、霊安室から声が聞こえてきたわけでもなかった。

「変な夢でしょ？　だから、次の日打ち上げをした友達二人にもこのことを話したのね」

やっぱりワダ君が引きつった顔をする。

昨晩と同じ固い声でこう言った。

「『俺も昨日、全く同じ夢を見たよ』だって」

足音さん

小学時代からの友人にニシタニさんという女性がいる。

一緒にレストランでパスタを食べていたときのことだ。

「あっそうだ、怖い話じゃないけど不思議なのならあるよ。前に言ったかもしれないけど」

私が怪談を蒐集していることは前から知っていた。

「ああ、なんだったっけ。トントンさんの話?」

「その話だけど、足音さんだってば」

ずいぶんと昔にも一度聞いたことがある。

ニシタニ家は両親と妹の四人家族だが、もうひとり『家族のようなもの』がいるらしい。

彼女たちはそれを足音さんと呼んでいる。

二階の廊下に現れることが多く、名前通り足音でしかその存在は確認できない。

「本当にこんな感じの音なの」

ニシタニさんはレストランのテーブルを軽くたたく。厚みのある木製の天板がトントンと軽やかな音を立てた。

大人のものとは違う、活発な小学生のような足音だ。

「妹ではないんだよね？」

「うん、だって妹と一緒の部屋にいるときにも聞こえたから」

ニシタニさんの部屋は二階の突き当たりにある。

あるとき妹と二人で話していると、階段を駆け上がる足音が聞こえた。上がりきると、ニシタニさんたちのいる部屋に向かって近づいてくる。

ドアの前でぴたりと足音が止まり、それきり静かになった。

気になったので開けてみると。

「誰もいないの。親は一階だし」

妹と「なんだ足音さんか」と顔を見合わせる。そんなことが何度もあった。

もはや日常の一部であり、姉妹だけでなく親までそれを受け入れているという。

「小さいころ、お母さんが『もうすぐ足音さんの時間だから早く寝なさい』とか普通に言うのね。それくらいの時間帯に出てくることが多かったから」

何をするわけでもないので恐怖も感じなかったそうだ。

「座敷わらし的なものなのかな？」

彼女の家は自営業なので、ついそういう発想にいたる。

「別に、足音さんがいるから大儲けとかはないと思うなあ。最近いないけど収入は変わってないし」

「えっ、もういなくなっちゃったの？」

初耳だった。

いつごろいなくなったのかを問うと。

「私が実家を出るちょっと前らへんだと思う。なんか、知らないあいだにいなくなっちゃってたな」

ニシタニさんは二年前に実家を出て一人暮らしを始めていた。

以前から知っていただけに、人様の家の怪異ながらもさみしい気持ちになる。

「あ、その代わり違うのが出たらしいよ。お母さんが言ってたけど」

これはつい昨年の話だ。

ニシタニさんの母が玄関のドアを開け、空気を入れ替えていた。ホウキを持って外に出て、開け放たれた玄関のすぐ脇に立つ。

ちょうど玄関に背を向ける形で掃き掃除を始めたときのことだ。

「子供みたいな足音が、たたたたっと後ろを駆け抜けてったんだって」

ニシタニ家の門とドアは一直線上にある。さらに玄関のすぐ目の前が二階へと続く階段になっている。

門から入った足音は母の背後を通り過ぎ、そのまま家の奥へと入っていった。

「一気に階段を駆け上がって、二階まで行っちゃったみたい」

上がりきったら今度は走り下りる。

足音だけがせわしなく階段の上り下りを繰り返した。

「だけどお母さん、もう足音さんで慣れちゃってるからね」

淡々と掃き掃除を続けた。

ようやく終えると家の中に向かって呼び掛ける。

「早く外に出なさい、って」

呼応するように足音が降りてきた。

それが母の脇を通りすぎたと思った瞬間、ぽん、と何かが腰の後ろあたりにぶつかる。

反射的に振り返ると、視界の端にちらりとだけ少女が映った。

「それが、ちっちゃいときの私にそっくりだったみたい」

しっかり見ようとしたときには消えていた。

わずかに見えたあの姿、そして何よりぶつかったときの感触が、ニシタニさんの幼少時代そのものだったんだよと母は言ったらしい。

「見間違いかもしれないけどね。うちの親も年だし」

当の娘は軽く笑った。

福井心霊スポット④九頭竜《くずりゅう》湖

大野市にある人造湖で、九頭竜川をせき止めることによって造られたダム湖。瀬戸大橋のテストケースとして架けられた『夢のかけはし』からは、四季折々の豊かな自然が楽しめる。

一方で、次のような事実もある。

村をひとつ沈めてダムを建設する際、三十名の殉職者が出てしまった。完成後も事故や自殺が絶えず、冷凍庫に入った遺体が発見されるという死体遺棄事件も起きている。

地元では、

「夜の七時から八時に通過する際は、絶対に振り返ってはいけない。首が折れた少女の霊や、腐敗した子供の霊が見える」

と噂されている。

見てしまえばどうなるかは不明だが、頻繁に起こる交通事故と関係があるのだろうか。

この辺りを通る際は、バックミラーにも注意されたい。知人に聞いた話では「夕方に通りがかった際でも、背後から何かに睨まれているような、非常に嫌な気分になった」とのことだ。

引っ越し後

またしてもニシタニさんの話だ。あのあと別の話を聞かせてくれた。

時期的には、ニシタニ母が少女らしき何かと玄関先で接触してから約二か月後のことである。

「ひとり暮らし始めたって言ったでしょ。そこがオートロックなんだけどさあ」

来客は、エントランスにあるインターホンに部屋番号を入力することでモニター越しに室内の住人と会話ができるという仕組みだ。

ニシタニさんが住むマンションの場合は、客がインターホンを鳴らした時点で自動録画が始まる。

もしそのとき住人側が対応できなかったとしても、録画映像を見ることで、いつ誰が来たかを確認できるようになっているのだ。

「こないだインターホンが鳴ったんだけど、ちょうどお風呂入ってて」

ニシタニさんは家族以外の誰にもマンションの住所を教えていない。

実家が近いこともあり、各郵便物は住所変更をせず後日帰ったときに受け取るようにしていた。

だから来客といってもNHKの集金か宗教の勧誘くらいだろうと考えた。

ちょうど入浴中だったニシタニさんは居留守を決め込む。

バスタイムを満喫したあとで来客のことを思い出し、録画映像を確認した。

「誰も映ってなかったの」

インターホンを鳴らした時点で録画は開始される。

たとえピンポンダッシュしたとしても、最初から映像に映っていないわけはないのだ。

「逃げる後ろ姿とか、そんなのも一切なかったの。完全に無」

「ピンポンダッシュなら小学生とかだろうから、背が低すぎたんじゃない？」

私が問うと、わざわざモニター画像の写真を送ってくれた。

「コレだよ？」

写真は斜め上、天井近くのアングルからのものだった。

タイル敷きの床までちゃんと写っている。

どれほど身長が低かろうと、インターホンを鳴らそうとすれば必ず映り込んでしまうことが一発で理解できた。

「もしかして……足音さんじゃない？」

こないだ実家に探しに行ってたみたいだし、と私は言い添えた。

いつの間にかいなくなった彼女を恋しがり、引っ越し先まで付いてきたのではないか。

「さすがに考えすぎでしょ」

ニシタニさんはやっぱり軽く笑った。

隣の問題

フカエさんは眼鏡会社に勤務している女性だ。

今はもう結婚して福井市に住んでいるが、以前は鯖江のアパートでひとり暮らしをしていた。

「ワンルームで普通に綺麗なところでした。クロスもちゃんと張り替えてあって新しかったです」

立地的にも不便さはなく、隣人も静かで住みやすい。

ただ気になることがあった。

「あの部屋に住むようになってから、繰り返し同じ夢を見るようになったんです」

それがとてもリアルなのだそうだ。

夜、寝ているフカエさんが夢の中で目を覚ましてトイレへと向かう。

トイレのドアを開けると、男が背中を向けてしゃがんでいる。

五十代か六十代のほどでバッタのように痩せていた。表情はわからない。

「諦めろ」

振り向きもせず男が言って、夢は終わる。


「全然知らないおじさんです。毎回同じ人だとは思うんですが、ずっと後ろを向いてるので」

フカエさんは気味が悪いと思ったものの、しょせんは夢だからと気にしないようにした。

しかし連続すると否が応でも気にかかる。

「トイレって使わないわけにはいかない場所じゃないですか。ドア開けっぱなしにしたりして、なんとか紛らわせてました。ひとり暮らしなのでよく彼に来てもらったりもしてましたね」

すぐに引っ越すほどの余裕はなかった。しかし徐々に夢の頻度は上がっていく。

そのころには現実でも変化が起き始めていた。

「トイレの壁に黒カビが生えました。端っこだけならわかるんですが、壁一面なんです」

黒い斑点はクリーム色の壁一面に及び、さながら皮膚病のようだったという。

「そこって、ちょうどおじさんが顔を向けていた面なんですよ」

角部屋ではなかったとのことで、外気との温度差があるというわけでもないようだ。

「カビの生えた壁の向こうはお隣さんです。空き部屋ではなかったですよ。人が住んでる部屋とのあいだの壁っていうのがちょっと理解できなかったですね……」

ちなみにトイレ以外の壁は大丈夫だったらしい。

そんな部屋で約一年過ごしたのち、彼女は結婚により引っ越した。

よく一年間も持ちましたね、と私が言うと。

「だってずっと隣の部屋の方ばっかり見てたので」

夢の中の男性は、一度も振り向くことはなかったそうだ。

「おじさんが本当に用があったのは隣の部屋ってことでしょう?」

フカエさんはけろりとした顔で、なんで私の部屋にはみ出しちゃったんでしょうね、と言った。

危篤の報せ

ナルミさんは小浜市に住む二十代の女性だ。

今は実家暮らしだが、以前は市内でひとり暮らしをしていた。

「会社に近いところにアパートを借りてたんです。実家からも通勤できたんですけど、ひとり暮らしに憧れてて」

家事が面倒臭いときは実家に立ち寄り、友人や恋人を呼びたいときはアパートで過ごす。

当時のナルミさんは、毎日遅くまで気ままな独身生活を謳歌していた。

「だいたいネットで好きな動画を見たりとかしてました。ゲームも好きで、自分でもプレイするけどネットの実況動画も見ます。……気が付くと十二時過ぎちゃってて、次の日エナジードリンク飲んで出社してました」

まだナルミさんがアパートを借りていたときのことである。

ある週末、高校生の妹・アカリさんを部屋に招いた。

姉妹というより友達のような関係で、宅配のピザを頬張りながら恋愛やドラマの話で盛り上がった。

すると、妹のスマホから通知音が鳴る。

液晶画面を見たアカリさんは「えっ」と声を上げて顔をしかめた。

「どうしたの」

ナルミさんが訊くと、アカリさんが真剣な顔で返した。

「カツミ叔母さん事故に遭ったみたい」

彼女たちの母親は三姉妹の長女で、未婚の妹が二人いる。

そのうちの一人がカツミ叔母さんであり、もう一人の叔母と一緒に暮らしていた。

叔母たちの家が実家と近かったこともあり、ナルミさんが子供のころはよく遊びに行っていた。

「二人にはすごくお世話になってるんです」

ナルミさん姉妹のために、使いもしないゲーム機を買ってそっと家に置いてくれていたほどだった。

今でも交流があり、食材を貰ったりスマホの使い方を教えたりしているという。

妹のアカリさんは、母親から受け取ったというメッセージをナルミさんに見せた。


『カツミが交通事故に遭ったから病院に行きます。

横断歩道のない道を渡ってぶつかったらしいよ。

アカリも気を付けなさい』

「え、アンタが来る前にちょうどカツミ叔母さんから電話来たよ」

ナルミさんは、職場で大量にサツマイモを貰ったのでいらないか、という電話を受けたばかりだった。

「どういうこと？　だって事故に遭ったんでしょ？」

「じゃあ事故に遭う直前だったのかな」

「そんなに早く事故の連絡がお母さんのところに行くの？」

「さあ……」

妹のアカリさんは何か言いたげだったものの、話し合って解決するような話ではない。
母親に詳細を訊こうとメッセージを送るも返ってこなかった。
今はばたばたしているのだろうから、明日にでも詳細がわかり次第お見舞いに行こう、
ということになった。

その後、しんみりとした空気になりながらも二人で韓国ドラマを見続けた。

連日寝不足だったこともあり、ナルミさんは座椅子に座りながらいつの間にか居眠りをしていたという。


「着信音で目が覚めました」

気が付くと、電話が鳴っていた。

部屋は真っ暗だった。妹が消してくれたのだろうと思いながらスマホを手に取る。

母がカツミ叔母さんの件で掛けてきたのだと考え、寝ぼけ眼で通話状態にした。

「妹でした」

先ほどまで雑談を交わしていたアカリさんの声がする。

「もしもし、お姉ちゃん?」

部屋からは誰の声も聞こえなかった。

自分が寝ている間に妹は帰ったのだろう、とナルミさんは考えた。

「カツミ叔母さんが危篤なんだって。今から病院行ける？」

寝ぼけた頭を叩き起こし「行ける」と即答する。

「じゃあ一緒に車に乗せてって。もう部屋の前にいるから」

二つ返事で了承した。

部屋の電気を点けるのももどかしく、スマホの照明を頼りに玄関へと向かった。車のカギは玄関のドアに取り付けたフックに引っ掛けてある。

靴を履くため廊下の電気を点けると、目の前で玄関のドアがガタガタと鳴った。

ドアのレバーハンドルを外からひっきりなしに動かしているらしい。

「待って、今開けるから」

靴を履きながら、ナルミさんはふと疑問に思ったという。

「あの子ってこの部屋の鍵持ってたっけ」

渡した覚えはない。

だとすれば、なぜ妹が外にいるのに部屋の鍵は掛かっているのか。

「母には鍵を渡してあったので、それを持ち出したのかなとも思ったんですが……」

どうしてその鍵で今すぐ入っては来ないのか。

伸ばしかけた手を引っ込め、ドアを見る。

動いていたレバーハンドルがぱたりと静かになった。

「お姉ちゃん」

間違いなく妹の声だ。

後ずさると、背中に何かがぶつかった。

「何してるの」

妹のアカリさんだった。

思わず叫んでしまったが、硬い表情の妹にはもう怖さは感じなかったという。

「妹に『さっき外にいなかったか』って訊いたんですけど、そんなわけないでしょって」

アカリさんは、姉が寝たので部屋の電気を消してナルミさんのベッドで寝ていたそうだ。

しかしガタガタという音で目が覚め、廊下の電気が点いていたので来てみた。

そこで玄関のドアを開けようとするナルミさんを発見したとのことだ。

「電話もしてないって言われました」

同じ部屋で寝ていたのだから当然と言えば当然だ。

妹のスマホを確認するも、やはり発信履歴は残っていない。

「妹に『寝ぼけてたんじゃないの』って言われそうなんで、すぐ自分のスマホも確認したんです」

着信履歴を確かめる。

誰からの着信も残ってはいなかった。

「でも本当に……」

焦りながら隣を見る。

なぜかアカリさんもまた青い顔をしていたそうだ。

てっきり信じてはもらえないと思っていたため、何があったのかを尋ねると。

「妹も、ドアノブがガチャガチャされるところは見てたみたいでした」

そのあとは眠れもせず、姉妹二人でふたたび動画を見た。

真面目なシーンの多いドラマは避け、できるだけコメディ要素の強いものを選んだという。

しかし全然頭に入らず、先ほどのことばかり考えていた。

「叔母さんのことがあったので……。なんとなく『ああ、駄目だったんだろうな』と」

最期に会いに来てくれたのかもしれない。

だとすればドアくらい開けてあげても良かったかもな、と思ったそうだ。


次の日の朝、ようやく母から電話が来た。

カツミ叔母さんは骨すら折れておらず、多少の傷は負ったものの元気だということだった。

母は寝ている二人を起こすまいと朝まで連絡を待ったらしい。

そんな気遣いは要らなかったのに、とナルミさんたちは思ったそうだ。

「まあ無事で何よりなんですけどね。それより……」

ならば、昨晩来たものは何だったのか。

「……あのときドアを開けてたら、どうなってたんですかね」

ナルミさんは節約も兼ねて、その後すぐ実家に戻ったそうだ。

視える家系

うちの家系は視えるんだよね、とコメノさんは言った。

「何が視えるかは人によるんだけど」

彼女の妹は霊が視えるらしい。

と言ってもボンヤリとしたものがときおり視界の端に入る程度で、わざわざ話して聞かせるような内容のあるものではないという。ショッピングセンターの駐車場に停まっている車の中にヒト型の靄が座っていた、とか、夜遅くまで残業をしていたら会社のシートシャッターの向こうに光る足だけが立っていた、とかだ。

「従妹はもうちょっとよく視えるよ」

コメノさんの従妹が小さいころは、よく生者と死者との区別ができず困っていたそうだ。ひと様の家でおやつをいただくときに「お皿の数が足りないよ」と言ったり、彼女以外に見えぬ人を指して「この人誰」と訊いたりしていたらしい。

「女だけに受け継がれてるっぽいのね。で、一代飛ばしに現れるみたい」

彼女たちの持つ『視える』力は隔世遺伝するようだ。

そして、その中でも祖母は特別だったらしい。

「過去とか未来が視えるの」

ただし、視る代償として寿命を少々持っていかれるのだという。

だからむやみに力を使うことはなかったし、自分のためにすら使おうとはしなかった。

「おばあちゃんが視るのは本家の長男だけ。それ以外はどんなに頼まれたって絶対視ない」

本家のために自分の寿命を差し出せるのは凄いね、と私が言うと。

「いや、違うな」

顔の半分だけで笑うような意味ありげな表情でコメノさんが言う。

「おばあちゃん男の子は大好きだから、喜んでやってたんでしょ。露骨にひいきしてたし」

祖母は普段から男女で待遇に差を付けていたらしい。

同じ孫でも、本家の長男である従弟にはいつだって多めにお菓子を与えていた。コメノさんの方が年上にもかかわらず、お年玉は従弟の方が多かった。いつの間にか従弟だけが新しい服やおもちゃを買い与えられていたこともあった。

会うたびに愛情の差を見せつけられながらも、祖母を憎むきっかけは別のところにあったという。

「お母さんへの嫁イビリがひどくてさ」

本気で死んでほしいと思っていたそうだ。


消えることのない憎しみを保ち続けたまま、コメノさんは思春期に入る。

そのころから彼女は、従弟と顔を合わせるたびにこう言うことにした。

「どんな話してても最終的には『それヤバいよ、視てもらいなよ』ってね。あの子も真に受けておばあちゃんのとこすぐ行くの」

本家の長男が泣きついてきたとあっては断れないらしい。

そのたびに祖母が命を削るのがわかった。

コメノさんにはせんべい一枚やるにも勿体を付けていたのに、従弟には易々と寿命を差し出す。

腹が立つのと同時に快感でもあったそうだ。

「そのうち私が何にも言わなくても頼るようになってたわ。そりゃあ便利だもんね、寿命縮むの自分じゃないし」

祖母のおかげかどうかは謎だが、従弟は志望校に合格して順風満帆な人生に見えた。

そして彼が大学受験を迎える寸前に、祖母は亡くなった。

「きっかけは私だけど、強制したわけじゃないから。その後からはおばあちゃんも従弟も勝手にやってたし」

従弟はその後、大きな後ろ盾を失ったせいかはわからないが、せっかく合格した大学を中退して職を転々とするようになったらしい。

とはいえ、彼女の祖母は短命と言うほどではない。

祖母の死は過去視・未来視とは関係なかったのではないか、とコメノさんに言うと。

「違うよ」

すっぱりと否定された。

かなり大雑把にしかわからないけど、と前置いてこんなことを言う。

「私、寿命視えるから」

非常に清々しい笑顔だった。

心霊否定派

「本当に幽霊なんかおるんけ？」

そう言って渋い顔をしたのは、四十代の男性・イヌヤマさんだ。

心霊体験はありますか、と訊いた私に、なんだか怒ったような表情でこんなことを言う。

「全部気のせいじゃないんけ？　病院とか墓とか、死人がらみのなあ、そういう場所におるときやったらもう、そもそもがいつもの精神状態とは違《ちご》うとるわけやろ。ほんで妙なもん見たり聞いたりした気になるん違うんけ」

「ですかねえ」

やんわり受け流す。

怪談奇談を集めていると、この手の話を毛嫌いするタイプの人に当たることもあった。

とはいえここまで攻撃的な人は初めてである。

「そういうウソ集めて楽しいんけ。なあ」

「怖い話だけじゃなくて、人から話を聞くのは好きですよ」

「なんでや」

「単純に、今まで知らなかったことを知れるからですかね」

イヌヤマさんの目はもともと血走っている。

瞬きもせずに真顔で見つめられると結構な迫力があった。

「ほやったら言うけどな。なあ」

「はい」

「うちのばあさんな、めっちゃ良いばあさんやったんやで。小遣いくれたし遊んでくれたし、よおワガママ言うたけど怒らんしなあ」

なぜか家族自慢が始まった。

しかし、こんな話をしながらもイヌヤマさんの表情は怖い。

「んでばあさんが死んだときやわ。通夜な。うちの娘と家いたら、ここグイッて」

イヌヤマさんは自分の左手首辺りを掴み、引っ張る仕草をした。

「誰もおらんのやで。ほやけど引っぱられてもて、コケそうになって。娘はワケわからんて顔しとるし」

「誰が引っ張ったんですかね」

「ほやから誰もおらんのやって！　そんでも引っ張られる。外まで。ガーっと」

イヌヤマさんは太い人差し指を立てて真横に振った。

「俺やってワケわからんし靴下やし、家族のもんにどこ行くんや言われたけど知るわけないやんか。ほんでこうしたら」

身体をひねり、思い切り左腕を振る仕草をした。

力ずくで振り払ったらしい。

「目の前、トラックがガーッて」

「えっ」

「もうギリッギリの位置やで。あと一歩で轢かれとったわ」

不機嫌に言葉を切る。

どういった反応をしていいか迷った挙句、私は「大変でしたね」と言った。

やっぱりイヌヤマさんは不服そうな表情のままである。

「で、どうなん」

何を訊きたいのかわからず言葉を返すことができなかった。

「これ幽霊やと思うけ？　きっとお前らみたいなんは、なあ、死人のせいや幽霊のせいや言うて死んだばあさんの仕業やあ言うんやろけどな」

彼の目が先ほど以上に充血している。

「ほんなら、なんで俺のこと連れてこうとしたんや」

めっちゃ良いばあさんやったんやで、とイヌヤマさんは繰り返した。

ブラック企業

福井県は、人口当たりの企業数と社長輩出率がともに全国一位だ。

つまり中小企業が日本一多い県なのである。

それだけの数があればいろんな話が聞こえてくるのだが、どうしてもよく耳にしてしまうのがブラックな労働環境についての話だ。


とある製造業の会社で働くウツオさんから聞いた話である。

今も営業している会社なので場所は福井県某所とし、本筋に影響のない細部にフェイクを入れたこともお断りしておく。

「そりゃもう真っ黒ですよ。同族経営だからですかね」

彼の職場もまたブラック企業であり、一族以外の社員に対する扱いがひどいらしい。

特に辛いのは人間関係で、社内にいる経営者一族のひとりに目を付けられたことがあった。

「結婚してても御局様って言うのかな、とにかくそんな立場の女性社員に気分次第で当たられました。全然働かずに給料もらってるくせに何がそんなに気に食わないんだか……何度も社長に訴えてやっと配置換えしてもらえましたけど」

サービス残業はもはや当然のように行われていた。

インフルエンザなどでやむなく休んでも、そのあいだの仕事は誰も手伝ってくれることなく溜まっていく。

快復して出社したあとは地獄だそうだ。

夜中まで残業をしても手当てがつくことはない。

「これ言っていいのかな。コロナ関連はもっとひどいですよ」

雇用調整助成金というものがある。

これは、新型コロナウイルス感染症の影響により事業活動の縮小を余儀なくされた場合に事業主に支払われる助成金だ。

つまりコロナのせいにして社員を休ませるとお金が貰えることになる。

例えば社員一人を一日働かせるのに一万円掛かるとして、その人を休ませる代わりに休業手当六千円を支払う場合、五千円から六千円相当が会社に対して支払われるわけだ。

しかし実際にはたいしてコロナの影響を受けていないためその分の仕事が溜まるわけなのだが、そこはブラック企業。

出社したほかの社員に休んだ社員の仕事を押し付け、できなければサービス残業を強いることで、会社側に利益が出てしまう。

そしてウツオさんは『仕事を押し付けられる側の社員』だ。

「有休だって、あってないようなもんですし」

いくら何でも労基に訴えた方が良いのではないか。

私が何度か勧めるものの、そちらに関してはウツオさんからの明確な返答はなかった。

「それで、そのブラックな社長は風水が趣味なんですが」

話が戻る。

「風水が好きなくせに、なぜか会社のトイレが合わせ鏡になってるんです」

ウツオさんの働く会社は、大きく分けて工場と事務所棟とがある。

事務所棟は四階建てで、各階に男子トイレと女子トイレとが横並びに配置されていた。手洗い場も男女で左右に分けられているのだが、それぞれの正面に鏡が付いており、その『男子手洗い場の鏡』と『女子手洗い場の鏡』が合わせ鏡になっているのだという。

「えっ、たしか風水的には良くないですよね。わざとなんですか？」

私が言うとウツオさんは首を振った。

「あの人なに考えてるかよくわかりませんから。お金が大好きなのは伝わってきますけど、それ以外は」

彼も社長の意図がわからないという。

合わせ鏡は風水に詳しくなくとも避けたがる人は多いはずだ。施工業者にお任せをしてできあがったとも考えづらい。

かといって、故意に作る理由も思いつかなかった。

「僕は霊感強い方じゃないですけど、それでも気持ち悪いです。特に四階はなんとなく行かないようにしてます」

ほかの社員も同じで、なぜか四階のトイレは嫌がるそうだ。

三階から四階へと続く階段の踊り場の時点で気分が悪くなる人もいるという。

だから踊り場に盛り塩をしているのだが、夜に誰かがつまずくのか、ときおり形が崩れていた。

「でも、僕の職場って四階なんで……」

ウツオさんはわざわざ階段を下りて三階のトイレに行くようにしていた。

四階にいる同僚も皆そうで、中には一階まで足を運ぶ社員もいるほどだ。

「残業してると夜遅くなるでしょう。ほかの階の人たちが帰っちゃってますし。ひと気のない三階に降りるか四階で済ませてしまうか、けっこう迷います」


その日もウツオさんは夜中までサービス残業をしていた。

同じ四階には同僚がひとり残っていたものの、下の階の社員はみな十時過ぎには帰ってしまっていた。

「ちょうど社長はお通夜に行ってました」

取引先の社長が亡くなったのだという。

ウツオさんも顔くらいは知っているものの、交流はなかった。

「どうしても眠かったのでコーヒーを飲んだんですけど、そうするとやっぱりトイレに行きたくなって」

近くにある四階のトイレか、暗い三階にあるトイレか。

迷った末にウツオさんは近くで済ませることにした。

同じフロアには同僚もいるし、ひと気のない三階にひとり降りるよりはましだと思った。

それでも長居はしたくないのでそそくさと用を足す。

手洗い場に移動し、薄暗い蛍光灯のもとで指先を冷たい水にさらしたときのことだった。

「見ちゃったんですよ、鏡の奥」

無限に続く合わせ鏡に男がいた。

白髪交じりの年配男性だ。奥からせり出すように近づいてくる。

しっかりと顔を確認する前に隣を通り過ぎた。

あっと思ったときには背後の鏡の中へと入り、吸い込まれるように去っていった。

「あの取引先の社長でした」

顔は見ていないが絶対に間違いないとウツオさんは言う。

左肩が少し下がったような身体つきは特徴的だったし、何より見た瞬間そう直感したそうだ。

さすがのウツオさんも残業どころではなくなってしまった。

「よりによって、なんで僕のところに出るんですかって……ちゃんと働いてるのに」

理不尽だと言わんばかりにため息をつく。

「こんなときくらい社長のところに行けって思いましたよ、本当に」

蟻地獄

「小っちゃいころから、よく家族にドンくさいって言われてました」

タマキさんはおっとりとした女性だ。

とても丁寧で繊細な、気を遣いすぎるほど遣う人だという印象がある。

「小学校低学年のころだったと思います。母親と、それから二つ上の姉と一緒に、三人で公園に行きました」

母はいつも通りベンチで休む。

タマキさんは姉のあとを追い、遊具に向かって駆け出した。

しばらく一緒に遊んだあと、それぞれ気が向いた遊具へと移る。

「私、背が低いくせに蟻地獄に入っちゃったんですよ」

蟻地獄といっても遊具の名だ。

巨大なすり鉢状になっており、中央には円形のくぼみがある。全面が焦げ茶色の板張りで、まさにあの『蟻地獄』を思わせる深みと傾斜になっている。中に入った子供は上から垂らされているロープを伝って登り脱出する、という仕組みだ。

タマキさんの入った蟻地獄は子供が数人入っても問題のないほど広い造りだったという。

そのときも知らない子が遊んでいる最中だった。

「真ん中の一番低いところに立つと、周りじゅうが木の壁に囲まれてて空しか見えないんです。その壁沿いに、空から垂らされた糸みたいにロープが……二本だったか三本だったか、それくらいありました」

ロープにつかまり壁を登る子もいれば、遠心力を利用して斜めの壁を走る子もいた。

楽しくなって遊ぶうち、一人、また一人とほかの子供が帰っていった。

気づいたころには誰もいない。

蟻地獄の中はタマキさんひとりになっていた。

ぐるりと囲む壁の向こうすら静かになっている。

「慌てて帰ろうとしました、お母さんとかお姉ちゃんに怒られると思って。でも……」

ロープがない。

先ほどまでは間違いなく中央のくぼみに向かって垂れていたのに。

「先に帰った子が、上から全部引っ張り上げちゃったのかなと」

小さなタマキさんは焦った。まだ力のない彼女ではロープなしで外に出ることはできない。

イタズラにしては悪質だ。

このまま帰れないのではないか、外に出られないのではないか、と不安に押しつぶされそうになる。

とうとう泣き始めてしまった。

「そしたら『どうしたの？』って声がしたんです」

白っぽいシャツを着た年上の少年だった。

片手でロープにつかまり、壁面の中腹に立っていたという。

「降りてきてる途中というより、しばらくその状態でいたという感じでした。近くまで来てることに泣いてて気づかなかったのかもしれません」

こんなところに来ちゃだめだよ、と少年は言った。

そのあとタマキさんを蟻地獄から出してくれたらしいのだが、なぜかその途中の記憶はないという。

　少年と出会ったところから一番上にたどり着いたところまで一気に記憶が飛んだとのことだ。

　とにかく、少年のおかげで上に登ることができた。

「蟻地獄を出てからもずっと泣いてました……そしたらお姉ちゃんが飛んできて『どこにいたの！　探したのに！』って」

　開口一番怒られたらしい。

　いつものことなんです、とタマキさんが苦笑する。

　空を見ると、もう太陽が西に傾いていた。長すぎる時間をあの遊具の中で過ごしていたことになる。

「戻ろうと思ったけど戻れなかったんだよ、って必死に弁明しました」

　蟻地獄で遊んでいたら、他の子にロープを隠された。

　そう訴えるも姉は変な顔をする。

　すぐにやってきた母に同じこと繰り返すと、何それ、と返された。

「『アリジゴクって虫のやつでしょ？』って。二人ともそういう遊具があることを知らなかったみたいで、変な言い訳をしてると思われるのも嫌で」

弁明するため蟻地獄を探した。

しかし見つからない。

つい先ほどまで遊んでいたにもかかわらずだ。

「その公園には初めて行ったわけじゃないんです。だから私は蟻地獄を知ってたんです。それなのに」

最後まで見つからず、時間が遅いからと捜索半ばで帰らされた。

姉と母は蟻地獄がタマキさんの作り話だと思っているのではないか。

納得がいかない彼女だったが、日々を過ごすうちにこのことは忘れていった。

そして二年前、ふと思い出したのだという。

「ネットで調べてみました。心のどこかでずっと引っかかってたんでしょうね」

よく遊びに行っていた公園を検索する。市の子育てに関するサイトがヒットした。

写真付きでいろいろな公園が掲載されているので全て見るも、蟻地獄の写真は見つからない。

少しずつ範囲を広げていく。

「うちの場合あの年で嶺南の公園まで行くことはなかったんですが、一応調べました。それでもやっぱりなかったです。出てくるのはほかの都道府県ばっかりで」

蟻地獄のある県外の公園も、当時のタマキさんはまだ行ったことがなかった。

私も子供がいるので県内の公園はそれなりに知っているつもりだが、『蟻地獄』はタマキさんとの会話で初めて知った。

「結局あの遊具がどこにあったのか、いまだにわかってないです……」

なぜ遊具の名を知っていたかも謎のままだ。

こっくりさん

勝山市は織物で有名だ。

中でも羽二重《はぶたえ》は日本を代表する絹織物であり、今なお愛される福井銘菓の名前にも冠されている。

かつては『羽二重王国・福井』とまで呼ばれていたそうだ。


そんな勝山で幼少期を過ごしたのが、去年傘寿を迎えたサカエさんである。

どことなく気品を感じさせる物腰柔らかな女性だ。

「今から七十年ほど前ですかねえ。まだ小学生の時分です」

家は織物工場を営んでいた。

女工たちが織機の前でせっせと作業にいそしんでいる。

経営者の娘ということもあってか、サカエさんは彼女たちに可愛がられていたそうだ。

休憩時間は若い女工たちがくつろいだり遊んだりする様子も見られる。

そこに走り寄っては、年上のお姉さんたちのすることを興味津々で見ていたらしい。

「ちょうどコックリさんをやってました」

数人の女工が台をぐるりと囲む。

中心に置かれた紙には筆で文字が書かれていた。

何本もの指先が硬貨に乗せられている。

まるで意志ある生き物のように動く様子に、サカエさんは目を輝かせた。

ところが妙な感覚に襲われる。

「とり憑いてしまうたんです」

実際にやっていたわけでもなく、ただの見学だったのにである。

そのときの様子を詳しく教えてもらえないかとお願いすると。

「それはねえ……ちょっと、思い出すのも嫌で、すんませんけど……」

丁重に断られ、それ以上は語ってもらえなかった。

何はともあれ彼女は、見えないものを視て聞こえない声を聞いてしまうようになったようである。

自分を制御できなくなったサカエさんに周囲は騒然となった。

親は大変心配し、急いで知り合いの寺へと連れていった。

ところがなかなか祓えない。

一向に平静を取り戻す様子のないサカエさんを救おうと、両親はあちこちの能力者と呼ばれる者たちを訪ねたそうだ。

「ずいぶんいろんなところを当たりました」

そして何人目かの『能力者』がサカエさんを見て言った。

「キツネじゃなくて蛇やと」

コックリさんという名前からだろうか、キツネが憑いているとばかり思っていたサカエさんのご両親は驚いた。

もともとコックリさんは西洋で流行ったテーブルターニングという占い遊びを日本風にアレンジしたものであり、机代わりのおひつが「こっくり、こっくり」と動くことからこの名がついた。

当て字として「狐狗狸」と書くだけで、キツネや狸が憑くとは限らない。

正体が蛇だと知ったご両親はさっそく蛇塚を建てることに決め、生垣に囲まれた広い敷地、松やモミジの植わった庭のすみに蛇を祀った。

するとようやく元の心を取り戻すことができたという。

以来、毎日ご飯などのお供え物は欠かさないそうだ。


「蛇塚で思い出したんですが、嫁に行ってしばらくしてから……」

すっかり元に戻り、平穏な日々を暮らしていたある日。

サカエさんの実家に同じ村の男が訪ねてきた。

対応したサカエさんの両親に彼は困り顔でこう話したという。

「道を歩いていると、いつもここの家の庭の前で引っ張られる。生垣で中が見えないので何があるか見せてほしい」

ならばと中に入ってもらい、引っ張られる方角へと向かう。

あっちの方だと男が指さす先には、くだんの蛇塚があった。

「私がいなくなってもうたんで他所《よそ》にもちょっかいかけたんですかねえ」

寂しかったのか、存在感を示そうと思ったのか。

七十年前に来た蛇は、今なおそこにいるらしい。

神様のような人

現在ユウジさんは県外に住んでいる。二度目の結婚ながら子宝にも恵まれ幸せそうだ。にもかかわらず、福井で共に過ごした最初の妻のことは今でも忘れられないという。

「いい嫁でした。よく気が付くし、明るいし……」

しんみりとした表情で、当時のことを語ってくれた。

二十年以上前のこと。

ユウジさんはまだ四十歳で、当時の妻・タマキさんは三十七歳だった。小学生の息子二人とともに、一戸建てに一家四人で暮らしていた。仕事も家庭も順調で、絵に描いたような円満家庭である。

「田舎ですけど、車がありますから。ここじゃ大人は一人一台が当たり前なんで、どこに行くにもさほど不便は感じません」

家の周りは民家と田んぼ、そして山があり、その山のふもとには墓が数基あった。

やんちゃ盛りの息子二人がいる家庭にとっては、洗練された都会のマンションよりもよほど環境が良い。

九歳の兄と七歳の弟が、毎日のようにドタバタと兄弟げんかをしているのだ。

「こっちも大声で叱り飛ばすんですが、言っても聞きゃあしないんです」

両親の声は耳にも入っていないらしい。


騒がしくも平和な日々を過ごしていたある夏の日のことだ。

夕方、和らいだ暑さの中を次男のミナト君と一緒に歩いていた。

「近所に野菜をおすそ分けしに行ったあとだったかな……よく覚えてないんですが、下の子も付いてくるってんで、夕涼みがてら一緒に外を歩いてたんです」

家へと戻る途中のことだ。左は田んぼ、右は山という道を歩いていると、墓地の前を通りかかった。

艶のない墓石はまだらに変色し、後ろの山の木々と同化しそうな色合いだ。

近所の見慣れた風景なので、特段怖いということもない。

何の気なしに目をやると、白っぽい紐のようなものが小さな墓地のすぐ脇に落ちていた。

「ビニール紐かと思いました、よくキュウリやトマトを支柱に括り付けるときに使ってたんで。風かなんかで飛んできたんだろう、と」

ユウジさんの視線に気づいたのだろう、ミナト君は父が見ていたものに目をやると駆け寄った。

「『何これー』って言うからゴミだろって言ったんですが、違うと。それで顔を近づけてよく見たら」

蛇の抜け殻だった。半透明の筒の表面が鱗模様でおおわれている。

七歳の少年にとっては初めて見るものだったらしく、嬉しそうに手を伸ばした。

直後、わっと叫んで身を引く。

「近くにまだ蛇がいたんです。そりゃ抜け殻があるくらいだから本体がいるのは当たり前でしょうけど……夕日のせいもあるのかな、真っ赤でした」

赤い蛇は臆する様子がない。

ユウジさんはとっさに蛇の首もとを踏んだ。

すぐ横に息子がいたからというのもあるし、近所だから退治しておきたかったというのもあったようだ。

片足で首根っこを踏み動けなくした状態のまま、もう片足で頭を踏み潰した。

「可哀相とは思わなかったです。蚊や蜂を退治する感覚でした」

その後二人は蛇の抜け殻を持って帰宅した。

幾日か経ったころには息子たちは抜け殻に飽きたので、妻のタマキさんが家計用の財布に入れて持ち歩くようになったとのことだ。

「しばらくすると、妻が怒りっぽくなりました」

それまでにも息子二人に対しては頻繁に怒っていた。

ただ、後から思い返してみればそのころから「前とはちょっと違う感じになった」という。

とはいえユウジさんも男児二人を叱ることは多い。

忙しかったこともあって流されるように日々をこなすうち、じわじわと家庭内の空気が変わり始めた。

「怒ってるだけだと思ってたんですが……けっこう手も出してたようで」

拳で殴る、背中を蹴る。

たまたま見た子供への暴行に「度が過ぎている」と注意するも、興奮状態で聞き入れない。

あれほど元気で奔放だった息子たちは次第に母親を怖がるようになった。

七歳のミナト君は「怖いものがいるから」と言い出すようになり一人でトイレに行けなくなった。

「精神的に不安定になったんだろうと思いました。母親があんな状態だったので……」

並行して、別の変化も起きていた。

朝食を作り忘れたり、味付けがおかしかったり、同じ洗濯物を何度も洗濯機で洗ったり。

タマキさんは今まで通りの主婦業がこなせなくなっていた。

「やっと『これはおかしい』って気づいて、病院に連れていったんです」

若年性アルツハイマーとの診断だった。

まだ三十七歳という若さでの発症に愕然としたそうだ。

「親だってまだボケてないのに……こういうのがあるってことは薄《うっす》ら知ってましたが、まさか自分らに関係あるなんて思いませんでした」

タマキさんは息子の区別が怪しくなるまでに進行していった。

家は片付かず子供の世話も充分にできない。

それでも家事に関しては我慢できたが、どうしても目を瞑れない大きな問題があった。

「子供への暴力です」

堪りかねたユウジさんは、以前から相談していた姉に電話をした。

するとこんな話を聞かされる。

「姉が友達に僕らのことを相談したそうで、『神様のような先生』を紹介してもらったと言うんです。姉の友達は、その先生のところに通ったおかげでガンなのに余命が延びたと」

胡散臭い話だ。

しかし、何もしなければ現状は変わらないか今より悪化するだけだ。

「もし詐欺だとしても、失うものなんて金だけでしょう。こっちはそれ以上のものを失いかけてるんですから」

これ以上妻が子供たちを虐待するところは見たくない。

姉に「試すだけ試してみたら」と強く勧められたこともあり、ユウジさんは行ってみることにした。

『神様のような先生』の住む場所は遠い。

場所は伏せるが、高速道路を使っての移動だった。

ユウジさんとタマキさん、息子二人、ユウジさんの姉とその友達、の計六人で、車二台にわかれて向かう。

約束は午後一時だったが、道が空いていたのもあり十二時過ぎには到着してしまった。

「当時は誰も携帯電話を持っていなくて。約束の時間まで一時間ほど、先生の家の駐車場で待つしかないなと」

民家の前にぽっかり空いた、未舗装の駐車スペースの端に車を停める。

六人が車外に出ると、すぐに別の車がやってきてユウジさんの隣に停まった。

「例の『先生』でした」

タイミングよく帰宅したことに驚く。

白髪交じりの小柄な男性は、車から降りてこう言った。

「十二時に来るのはわかっていたから、早く戻ってきたんだよ」

ユウジさんは内心、どこかで待ち伏せでもしていたのではないかと疑ったという。

「だってあまりにもできすぎでしたから……。でも、手品だろうが詐欺だろうが、結果さえ出してくれればあとはどうでも良かったです。今の状況を変えてさえくれれば」

疑心をおくびにも出さず、早く着きすぎたことを詫びる。

先生は「時間を繰り上げて始めよう」と目の前の自宅に案内した。

ユウジさんが玄関に入ろうとタマキさんの手を引くと。

「いきなり暴れ始めました。手を振り払って逃げ出そうとするんです」

先生が「霊が嫌がっているね」と言った。

その場の全員が協力し、タマキさんを何とか家の中へと入れる。

二階にある畳敷きの部屋に通されるも、彼女は常に身体をくねらせては逃れようと抵抗し続けていた。

「そこから除霊が始まりました」

除霊方法の詳細を尋ねると。

「そんなの見る暇がなかったです。お経のようなものを唱えてるのはわかりましたが。押さえつけるのに精いっぱいで、とにかく早く終わってくれと」

必死でタマキさんを押さえているうちに、ふっと抵抗が弱まった。

気絶したわけではない。

呼びかけても反応こそしないものの、今までにない穏やかな顔で呆けている。

これで終わったのかと視線で問うと、先生はユウジさんに言った。

「家近くの墓で蛇を殺しませんでしたか？」

すぐに思い出し「はい」と答えると、先生は厳しい顔をした。

「それですね。あと、蛇の皮を財布の中に入れるとお金が入ってくる、というのは迷信です。すぐにやめてください」

ユウジさんは驚いて姉を見た。

しかし姉も首を振っている。

「家の近くに墓があるということも、タマキが蛇の抜け殻を家計財布に入れているということも、先生に言ってはいませんでした。第一、蛇の抜け殻の話なんて姉にさえした覚えはありません」

さらに先生は質問する。

「隣の家で若くして亡くなられた方はいらっしゃいませんか？」

つい最近、隣家の主人が四十代で急死していた。もちろん事前に知らせていない。

占い師がよく使うホットリーディング（事前に調査して得た情報を利用する話術）かとも思ったが、やはり蛇の皮の件だけは釈然としない。

「隣の家はもともと墓地だった場所なので、こちらも関係しているのかもしれません」

先生が言う。ユウジさんとしては初耳だった。

次に先生は、淡々とした態度で次男のミナト君に向き合う。

「この子にも蛇が憑いています」

驚いて息子を見る。

最近の変化と言えばトイレを怖がり始めたくらいで、それも母親の暴力によって不安定になったからだ、と思っていた。

「それじゃ『トイレに怖いものがいる』と言い出したのは、もしかしたら……」

本当に何かが見えていたのかもしれない。

ユウジさんが言葉を失っていると、先生は木の椅子を持ってきてミナト君を座らせた。

半ズボンから伸びる幼い両脚の正面にひざまずき、線香を焚く。

先生が何度かミナト君の脚をさすると、その表面に巻き付くような螺旋状の赤いあざが浮き上がった。

「テレビドラマみたいでした。人づてに聞いた話だったら笑い飛ばしてますよ、こんな現実味のない……」

細い煙が天井へと昇っていった。

これで大丈夫なのだろうか、と不安になっていると、今度は先生が長男に声をかける。

「あなたは神さまが守ってくれているから大丈夫そうだ。毎朝お祈りをして家族を守ってあげなさい」

それから先生は、ユウジさんの姉とその友達と話を始めた。

自分だけ何も言われなかったのを疑問に思い、話が一段落するのを待って「僕はどうなんでしょう」と尋ねる。

「ああ、あなたはね……」

先生は苦笑いのような曖昧な表情を浮かべ、なぜか呆けているタマキさんに一瞬だけ視線を向けた。

そのとき、姉が気の毒そうな顔でその様子を見ていたという。

歯切れの悪い返事に釈然としなかったものの、とにかくお祓いが済んだことで心は幾分晴れていた。

ユウジさんは謝礼を渡し、礼を言って帰路に就いた。

「そのあと、タマキはシルバー病院に五年ほど入院しました」

認知症の患者を専門に診る病院だ。

タマキさんの病状は今どうなったのかを尋ねると。

「……亡くなりました。四十二歳でした」

通夜の席でユウジさんは姉にこんなことを言われたという。

「お祓いのあと、先生が私にこっそり『あの奥さんはもうここには来られないだろうね』って言ってたの。でもそれをアンタに伝えてもねえ……先生もそう思って私にだけ言ったんだろうし」

除霊は効果がなかったのだろうか。

しかし、子供たちへの暴力がなくなったのも確かだという。

夫婦仲が良かったユウジさんはしばらく苦しんだが、三年後に他県に住む女性と結婚した。

それでもタマキさんのことを忘れてはいないし、そのことは今の奥さんも了承しているらしい。

もし本当に『神様のような先生』の話が本当だとしたら、なぜ蛇は殺した張本人ではなく妻のタマキさんに憑いたのだろう。

私の疑問に、ユウジさんも首をひねった。

「わかりません」

暗い表情で視線を落とす。

「一生忘れられない人を死なせたんです。こんなの、いつまでも抱えて生きるっていうのは……」

表情の見えないまま、彼は頷くように身体をゆすった。

「……これはもう、呪いみたいなもんじゃないですか」

失せ物

越前市で三人の男児を育てているミユキさんが、こんな話をしてくれた。

「子供のころ、よく近所の空き地で遊んでたんだけどさ。そこに行くと物がなくなるのよ」

小学校低学年のころだという。

学校から帰るとランドセルを放り出し、友人宅に押しかけてノックもなしにドアを開けては「●●ちゃん、遊びましょう」と呼びかけていた。当時はカギなどかけない家が多かったのだ。

「昔の親は良かったよねえ。今じゃラインでアポ取ってお菓子のひとつでも持たせないと、陰でいろいろ言われるんだから」

その子の家で遊ぶこともあれば、近所の空き地に移動することもあった。

しかし、空き地に行く前には必ずこんな会話がされていたという。

「今日は動物のやつない？」

『動物のやつ』とは、動物が描かれていたりモチーフにされていたりする小物類を指す。猫のキーホルダーであったりハムスターのイラストがカバーに描かれた消しゴムであったりと、動物やアイテムの種類は問わない。

当時は女児のあいだで変わり種の消しゴムが流行っていたそうで、ミユキさんは町内の子供みこしに参加しては、貰ったお駄賃を可愛い消しゴム代に充てていた。

「透明なプラスチックの容器に、小っちゃなウサギの形をした消しゴムがいっぱい入ったやつとかね。ひとつにつき一種類しか入っていないから、他の子と交換したり」

しかし学校にこの手の消しゴムを持って行くことは禁止されている。

友人との交換は、主に放課後に行われていた。

「だけどあの空き地に動物形の消しゴムを持っていくのはダメ。なくなっちゃうから」

なぜ動物限定なのか、と尋ねると。

「さあ……でもみんな言ってたよ。あそこは動物系はダメだって」

子供たちの共通認識だったらしい。

さほど深く考えるわけでもなく、大事なものがなくなるのは嫌だからと、動物関連のアイテムは持ち込まないことが暗黙の了解となっていた。

「それでも持ってっちゃったことはあったよ。子供だからね」

買ってもらったばかりの髪留めをつけていた。今でも有名な可愛らしい白猫のキャラクター商品である。

「プラスチックでできたキャラの顔が付いてるパッチン留め、悔しかったから今でも覚えてる」

しっかりと髪を挟み、目立つところに留めていた。

帰るころには案の定なくなっていたという。

「誰に訊いてもわからなかった。いつなくなったのかも、どこに落ちてるのかも。そんな広い場所じゃないんだけど」

諦めきれず、他の子らが帰った後も探した。

そして見つけた。

「空き地の角の、雑草が膝より上まで生えてる場所の……そんな隅なんか行ってないのに」

夕暮れの中で雑草を掻き分けていると、一か所ぽっかりと草の生えていない場所があった。

穴だ。

いつ誰が掘ったのだろうか。茂みになっていて気づかなかった。大人の拳二つ分くらいの大きさだが、深さはわからない。

いかにも人目を忍んで掘られたらしきそれの淵に、髪留めが引っかかっていたという。

「手を伸ばそうとしたら穴の中に落ちちゃって」

まだ触れてもいないのに、引きずり込まれるように落ちた。

「よくよく思い出せば不自然な動きなんだけど、それどころじゃなかったから」

覗き込む。

髪留めは案外近い位置に見えた。指先を差し入れれば届くだろう。

しかしミユキさんは躊躇した。

「臭かったし、何か動いてたから」

最初は気のせいかと思ったらしい。

目を凝らす。可愛らしい猫のキャラクターの顔の上を、いくつもの黒い点が横切った。

名前も知らない小さな虫が、無数にうごめいていたという。

「叫びそうになったけど、なんとか堪えて。でも手を入れるのはもう無理って思ったから、近くに生えてた太めの草を使ってさ」

太く強度がありそうな草を引っこ抜いて葉っぱを落とした。青臭い即席の棒を穴へと差し入れる。

ぐちゃぐちゃとした泥の感触と、少し固めの膜のような感触があった。

「温めすぎて膜がはっちゃった牛乳を思い出したわ。だから今でもホットミルク苦手」

中身を引っかけるようにして棒を持ち上げる。

雑巾の塊のようなものが棒の先に垂れ下がっていた。

「わからないけどさ。あの臭いからして動物の死骸でしょ」

ミユキさんは子猫ではないかと予想した。もしかしたら子犬か、大きめのネズミかも知れない。

もはや何の生き物だか判別不能となった毛皮と骨とドロドロしたものの塊が、虫とともに夕日を浴びている。

「パッチン留めどころじゃないよ、もう」

彼女は今度こそ叫び声をあげ、その場を走り去ったという。

「しかもさ、そのあと」

この話を学校でしたところ、近所に住むクラスメイトの男子が興味を持った。

学校が終わってすぐに穴へと向かう。

男子が「そんなものどこにあるんだよ」とミユキさんをなじった。

「埋められてたの。そこだけ雑草が生えてないから、一度でも穴を見たことがあればバレバレなんだけどさ」

――あのあと、誰かが穴を埋めに来た。

背筋が寒くなった。もしかしたらその人物が動物の死骸を放り込んだ張本人かもしれない。棒で中身をほじくり出したところを、どこかで見ていたのかも。

彼女が放り出したままにした動物の死骸はもうどこにもなかった。

「ウソつき呼ばわりはイヤだし、そこに穴があったことは教えたよ。そしたら男子は嬉しそうに掘ってた」

ミユキさんはもう一度あの『中身』を見るのが嫌ですぐに帰った。

その後、やはり男子は掘り当ててしまったそうである。

「結局誰がやったんだろう……たぶん近所の人だと思うんだけど、中身、一匹分どころじゃなかったみたいよ。でもなくなった消しゴムやピンズやキーホルダーなんかは見つからなかったみたい。そりゃああんな穴の中なんかしっかり探してはいないんだろうけど、それでもなくなったものの量を考えると、あそこにあるとはちょっと思えないかなあ」

今では住宅地になったそうである。

住み心地がどのようなものかは不明だ。

福井心霊スポット⑤丸岡城

坂井市丸岡町にある城であり、桜の名所としても知られている。天守を取り囲むように植えられた四百本ものソメイヨシノが咲き乱れるさまは圧巻だ。

一方で暗い過去もある。

築城の際、天守台の石垣が何度も崩れ工事が進まなかったことがあった。そこで人柱を立てることとなる。

選ばれたのは城下に住む「お静」だ。

片目が不自由な未亡人であった彼女には子供がいた。このままでは貧しさゆえに育て上げることができないと、息子を士分に取り立てて貰うことを条件に、生きたまま土中に埋められることを了承した。

しかし約束は果たされなかった。

それ以来、毎年四月の堀の藻を刈る時期になると、辺り一帯は大雨に見舞われるようになったという。

人々はお静の祟りだと言って恐れ、毎年降るこの雨を『お静の涙雨』と呼ぶようになった。「堀の藻刈りに降るこの雨は、いとしお静の血の涙」という俗謡が伝えられている。

そして現在、城内では女の霊の目撃談が相次いでいる。

心霊写真が撮れるとの噂もあり、地元では有名な心霊スポットだ。

住民のあいだでは今もお静の霊が彷徨《さまよ》っているのだと囁かれている。

慰霊碑を建立されてもなお無念を晴らせ

ずにいるのか、それとも別の何かが彷徨っているのか、真相は分からない。

地蔵小屋

今から約三十年前、ヒラキさんが小学生のときのことだ。

彼女は越前市の某所に住んでいた。

のどかな田舎の住宅街だが、彼女にとっては大きな問題がある。学区の端なのだ。

ほんの二、三百メートルずれていたら別の小学校に通うことになっていたほどだ。

長い長い通学路を雨の日も風の日も行き来しなければならない。同じ町内に友達がいるが、その子とも途中で別れる。

特に低学年のときは本当にきつかったそうだ。

「一年生なんてね、幼稚園児に毛が生えたレベルですよ。こないだまで車で送り迎えされてたような子が、いきなり重いランドセルしょって長い距離を歩かなきゃいけないんです。しかも冬なんか雪道でしょ。なんで除雪車は車道ばっかり除けるんだって恨んでたの、今でも忘れてませんから」

今ではほとんどの道に融雪装置が付いているものの、昔はあまりなかった。

私もでこぼこの雪道を必死の思いで歩いたことを覚えている。

そして、福井は冬も辛いが夏も辛い。

当時は日傘をさすという習慣がなかったから、ヒラキさんは真夏の炎天下を通学帽ひとつでひたすら歩いたそうだ。

とはいっても小学生、家の方向が同じ友達と缶蹴りをしたりおしゃべりをしたりしながらそれなりに楽しんだ。

そのクラスメイトは今も連絡を取り合う仲だという。

「その子とは地蔵小屋の手前で別れて、あとはひとりです」

住宅と田んぼが入り混じった、センターラインの引かれていない田舎道だ。

さして分岐のない道を進んでいくと、トドロイさんの家の前を通る。

そこをさらに進んで右折したらようやく自宅だ。

「トドロイさんちの前を毎日通りかかることになるんですが、時々おばあちゃんが出てたんですよ」

彼女はいわゆる認知症だった。

普段はトドロイさんのご家族が自宅にいてケアをしているのだろうが、ときどき勝手に外出してしまうことがあった。

大抵は自宅近くのすぐに見つかるような道ばたに座り込んでいるものの、ごくまれに遠出することもある。

そんなときは自分の親も含む近隣住民が町内を探したそうだ。

「日常の一部でした。私が小学校に通い始めたときからそうだったんで」

うららかな日差しの中、ひと気のない田舎道のアスファルトにぽつんと座っている——当時のヒラキさんにとって『トドロイさんちのおばあちゃん』はそんなイメージだ。

「ああ今日は出てきてる、天気良いもんなあ、みたいな」

横目で見ながら通り過ぎるとき、なにがしかを話しかけてくる。意味はわからない。支離滅裂な内容だったのかもしれないし、内輪の者にしかわからない内容だったのかもしれない。

初めこそ声をかけられたと思い立ち止まって耳を傾けたが、すぐに理解できないことを悟って相手にするのをやめていた。

そんなBGMに似た声を聞き流して自宅に戻る。そのころにはすっかり忘れている。

しかしそうでないときもあった。

「あったかいんだけど雨の日で……ざあざあ降りの。それなのに出ちゃってて」

トドロイさんの家のほんの目の前、玄関から十メートルも離れていない道路の真ん中だった。

黒く塗れたアスファルトに、いつものように裸足で座り込んでいる。

白髪が顔にべったりと張り付き、寝巻きらしき服はぐっしょりと濡れそぼっていた。

いたたまれなくなったヒラキさんは無言で近づき、小さな傘を差しかける。

ちょうど見下ろすような形だ。

「お互いずっと無言でした。いつもはむにゃむにゃ喋ってたのに、やっぱり雨のせいですかね。今考えれば、すでに濡れてるんだし傘を差しかける意味ってあったのかなあとも思うんですが、当時はなんとなく」

どのくらいの時間が経ったのだろうか。

しばらくそうしていると、唐突に老女が言葉を発した。

「目を合わせずに『もういいよ』って。ちょっとびっくりしました。失礼だけど、ちゃんと私が意味を理解できるような言葉を言われたの初めてだと思って」

ヒラキさんは無言でその場を後にした。

トドロイさんの自宅はすぐ後ろにあるわけだし、何より本人がもういいと言っている。

幼かった彼女は家に帰り、やはり自宅に戻ったころにはすっかり忘れていた。

「そのあと一度だけ、地蔵小屋で会ったことがありました。ほら、クラスメイトの今でも仲いい子とわかれたすぐ後の道に建ってるって言ったやつです」

ヒラキさんの長い通学路に置かれた数々の地蔵の中でも、地蔵小屋の地蔵は特別扱いのようだったらしい。

「ずっとバス停だと思ってたんですよ。その小屋、ベンチがあって雨宿りできるくらいの広さだったんで」

小屋の右側にはお地蔵さまが置かれ、お菓子やジュース、果物などがいつも供えられていた。

右側は古びたイスだかベンチだかが置かれていたという。

ある暑い夏の日のことだ。

「お地蔵さんの前に立ってたんです。おばあちゃんが」

照りつける太陽を浴びながら、涼しそうな日陰の老女を見る。

「暑くてたまらなかったんで、私も入っちゃいました」

普段からよくヒラキさんはその地蔵小屋に立ち寄っていた。

長すぎる通学路の休憩地点のようなものだ。

右側に置かれたイスに座り、熱くなったランドセルを下ろしてぼんやり考える。

「トドロイさんがここまで来ちゃったの見るのは初めてだな、帰ったらお母さんに言わないとなって思ってました」

やはり無言だ。

喉が渇いたので、いつものように斜め掛けしていた水筒を手に持った。

しかし軽い。振ってみると、ちゃぷんとも音がしなかった。

思わずお供え物の缶ジュースに目が行く。

すると突然、老女が地蔵に向かって手を伸ばした。

「お供え物を取っちゃったんです」

むんずと缶ジュースを掴んだ。

よたよたとヒラキさんに歩み寄る。

「で、私に近寄りながらやっぱりむにゃむにゃ話してるんです」

久しぶりに聞き流すことなく耳を傾ける。

しゃべりかけているというより独り言に近かったそうだが、それでも理解できる内容だったとのことだ。

「ずらずらっと言ってましたけど、要するに『飲め』みたいなことだったと思います」

――飲みゃあいいそんなもん、昔っからや、子供が×××ていかん、入れてまえ。

老女は皺だらけの口元をもごもごと動かしながらジュースを押し付けてくる。

聞き取れない言葉もあったが善意で言っているのだろうと解釈し、ヒラキさんは受け取った。

冷たくはないが液体というだけで嬉しい。缶には錆もなく新しそうだ。

何より大人が飲めと言っている。

「誘惑に負けちゃいました」

すっかり飲み干してしまった。

満たされると罪悪感に襲われたが、もしかしたらトドロイさんが持ってきたものかもしれないしと自分を正当化した。

「元気いっぱいで家に帰りました。もちろんジュースのことは家族に言ってません。トドロイさんの徘徊については……ちゃんと親に伝えたのかどうか忘れちゃいました。何しろそのあとが大変だったんで」

夜、熱が出た。

「右目の下もコブみたいに腫れあがっちゃって。赤くなったり痛んだりはなくて、ただ膨れるだけって感じの。これ普通の風邪じゃないですよね」

母親に連れられ病院に行くも、コブについては原因不明だと言われたそうだ。

夏風邪だと言われて熱さましの頓服薬だけを渡され帰らされた。

「『変なもんでも拾い食いしたんじゃない？』って言われてドキッとしました。向こうは冗談で言ってましたけど」

熱は数日下がらず、夜はうなされることもあったという。

それでも何日目かには回復し、元気に登校できるようになった。

「最後までジュースのことは誰にも言いませんでした。で、これだけなら『あのときは大変だったなー』で終わるんですけど」

ヒラキさんは言葉を切る。

どう話そうか考えているようだ。

「……話変わりますけど、うちの親って地元民じゃないんです。福井ではあるけど昔からここに住んでたわけじゃなくて。で、さらに話が変わって、去年くらいに友達とゴハン食べに行ったんです」

友達というのは、先ほど言った『小学校のとき一緒に登下校した子』だそうだ。

高校からは別々の学校に進んだものの、会えばすぐに昔を思い出し話が弾んだ。

「どういう流れか忘れましたが、あの地蔵小屋の話になって……」

喉元過ぎればという言葉通り、原因不明のコブと高熱の辛さも忘れて懐かしんだのだが。

「よく休憩場所に使ってたなあって言ったらギョッとされました」

友人曰く、あの場所には気軽に立ち寄るなと親に厳しく言われていたそうだ。

通り過ぎるときは一礼しなければいけない。

指を差してはいけない。

小屋の中だけではなく、その近くでもふざけてはいけない。

とにかく洒落にならない場所だから子供は近づくな、といった雰囲気だったそうだ。

「初耳でした。うちの親も知らなかったんだと思います」

さらに友人はこんなことも教えてくれた。

「昔、あの辺りは処刑場だったんだって」

これは噂だから本当かどうか怪しいけれど、と付け足した。

「ただ、どっちにしても大人になって考えるとおかしいんですよね。明らかにあそこって地蔵の数が多すぎるんです。普通、通学路にそんないくつもお地蔵さまがポンポン置いてあるなんてないですよね？　子供のころは当たり前だと思って受け入れてましたけど」

その後、地蔵小屋は道幅を広げるために取り壊された。

すると新しく作った道で事故が多発するようになる。

「そのころには私は引っ越してたんで全然知らなかったんですが、地蔵小屋を壊したせいだって囁かれたみたいです」

閉眼供養をしっかり行っていたにも関わらずだ。

ライトを増設したり標識を建てたりとずいぶん頑張ったらしい。

お地蔵様というと慈悲深く親しみやすい神さまというイメージがあるのだが、こちらはずいぶんと性質が異なるようである。

私がそのことを告げると。

「それよりトドロイさんちのおばあちゃんですよ」

ヒラキさんはつっけんどんに言った。

「確かに認知症の人を責めるのはよくないですよ。でも、よく『ボケても昔のことはよく覚えてる』とか言うじゃないですか。だったらあのときどうして私にジュース飲めって言ったんだと思います？　昔の話すら忘れたってのとは違うでしょ。だって小学生の私にも意味がわかる言葉で話しかけてきてたくらいですし。あのときはきちんと喋れるくらい調子が良かったけど地蔵のことだけ都合よく忘れてましたってことあり得ます？　昔から云々とまで言ってたのに？」

いつしかトドロイさんは見かけなくなっていたとのことだ。流れた年月からしてもう亡くなっているだろう。

真意は誰にもわからない。

「……今じゃ、地蔵よりあの人の方が怖いです」

髪を舐める

「怖いっていうか、これ結局どういうことだったのかいまだにわからないんだよね」

オグルイさんは四十歳になる女性だ。

今は結婚して鯖江市に住んでいるが、出身は嶺南（福井県南部）である。


彼女が小学三年生のときの話だ。

同じクラスにAさん（断っておくが、イニシャルでも何でもない）という少女がいた。

「どこでも同じか知らないけど、うちの小学校は二クラスあって毎年クラス替えがあるのね。で、Aさんとはそのとき初めて一緒のクラスになったんだけど」

普通体型に薄めの顔立ち。背中辺りまである黒髪を無造作に一つくくりにしている。

福井の公立小学校は制服があるので格好は皆と一緒だ。

にもかかわらず、Aさんは周囲から浮いていた。

「虚言癖っていうのかな。ちょっと目立とうとするクセみたいなのがあったの」

ひとつひとつは大したことではない。

明らかに今初めて知ったであろうことを「それ知ってる」と言ったり。

誰かの可愛らしい持ち物を見て「私も持ってる」と言ったり。

わざとらしく咳を繰り返して病弱を装ったり。

「今なら『ああそういう人なのね』で流されるんだろうけど、小学生だったから」

周囲から人が去る。後ろ指をさされる。

そのうち、誰も彼女には話しかけないようになった。

それでもAさんの虚言は止まらない。

「私らのグループもできるだけ関わらないようにしてたんだけど、いつの間にかそばで私らの話を聞いてて『ああそれ知ってる』っていきなり割り込んでくるのよ」

この話をしてくれたオグルイさんは気さくな人だ。小学生時代の話とはいえ少々意外である。

そんなことを思いながら聞いていると。

「それに……うちの場合、おばあちゃんが『A家のもんには関わるな』って」

当時の彼女は父方の祖母と三世代同居をしていた。

この土地で生まれ育った祖母は、外で暮らした経験がない。

ご近所事情なら誰よりも詳しいであろう彼女の言葉に、オグルイさんは驚いた。

「優しいおばあちゃんだったよ。今はもう亡くなったけど」

単なるイジメや嫌がらせで言ったわけではないはずだ、と彼女は言う。

詳しい理由は訊かなかったが、Aさんの性格のこともあり祖母の言葉に逆らう理由はなかった。

「他の同級生たちも家族に同じようなこと言われてたのかな?」

私が尋ねると、さぁ、と首をかしげた。

「Aさんを話題にすることがなかったからなぁ」

無視をするわけでもなく、話しかけられたら答える。ただ、できる限り疎遠にする。

そんなスタンスで過ごしていたある秋の日のことだ。

「話、途中からしか聞いてなかったんだけど」

女子グループ四人とAさんが話していた。

話していたというより揉めていたと言った方がしっくりくる様子だった。

「スクールカーストってあるでしょ、あれの一番上の女子グループね。結構目立つ子ばっかりの。その中でもシラワさんって子は気が強くて、平気でAさんにウソつきとか言えるタイプの子でさ」

シラワさんの「ハァ?」という声で、オグルイさんは初めて彼女たちが揉めているのに気付いた。

「結構イライラしてる感じで『何言ってんの、そんなわけないじゃん』とか言ってて」

好奇心から聞き耳を立てた。

会話の断片から話の内容を組み立てていく。

「どうも最初は、シラワさんグループにいるヤブタさんの髪が綺麗だって話から始まったみたい。で、それを盗み聞きしてたAさんがいつも通り会話に割って入ったんだと思う」

——私の髪、甘いんだよ。

どういう意図かはわからないがAさんはそう主張した。

色やヘアスタイルなどの比喩ではない。

「本当に味が甘いって意味ね。意味わかんないでしょ。私の方が綺麗だよ、とかならまだ理解できるんだけど」

しかしAさんの髪は至って普通だ。さほど手入れの行き届いていない、背中まで伸びたストレートだ。

美しさでは勝てないと思ったのだろうか、Aさんは謎の主張を繰り返す。

「第一本当に髪が甘かったとして長所なのか疑問なんだけどさ……。でもまだ小三だから、そういう細かいところは誰も気にしなかったな」

甘い、ウソつき、の口喧嘩が続いた。

そのころには周囲のクラスメイトの中にも興味を持つ者が出てきた。

「それで男子が『誰かあいつ舐めろよ』って言い出して」

はやし立てるが自分ではやらない。

面白がって、誰が舐めるかの押し付け合いが始まった。

「ジャンケンかなんかで決めたんじゃなかったかな。で、ヤブタさんがやることになったの」

ヤブタさんは、当の『髪が綺麗だと言われAさんに張り合われた子』だ。

落ち着いた性格で、グループの中では聞き役のようなイメージだったという。

自己主張の強いタイプではないヤブタさんは、周囲が盛り上がる中で断ることができなかった。

「それに、なにしろAさん自身も乗り気だったし」

ハズレくじを引いたヤブタさん以外に反対する者はいない。

結局周囲の圧力に負けた。

「Aさんが自分の髪を一本引き抜いて、それをヤブタさんに渡したんだけど」

恐る恐る舌先で触れる。

皆の視線がひとりに集中する。

中でも、一番熱心に見つめていたのはAさんだったのではないか。

好奇心や面白半分ではなく、彼女にとっては汚名返上の機会だったはずだ。

「すんごく困った感じで『よくわかんない』って」

ヤブタさんは言葉を濁した。

「そりゃそうだよね。さすがに髪の毛が甘くなる体質なんて聞いたことないし」

しかも話からするとたった一本を舌先で舐めただけだ。

万が一甘かったとしても周囲からの視線で緊張して味がわからなくなっていただろう。

とはいえ、私もAさんの性格からいって虚言か見栄の類なのではないかと感じた。

「Aさんは大丈夫だった？」

私が訊くと、オグルイさんは曖昧に答える。

「そこまでは覚えてないけど、まあコテンパンに言われたんじゃないかな。あのシラワさん相手だし」

よほど女ボスの印象が強いらしい。

「で、それからしばらくして。ヤブタさんがグループから抜けたの」

話によると、先述の一件以来ヤブタさんがシラワさんたちといることが極端に減ったという。

追い出された感じではない。

どちらかというとヤブタさんの方から抜けたような印象だったとのことだ。

「あんな役回りさせられちゃ、そりゃ嫌にもなるだろうね」

相槌を打つとオグルイさんは首を振った。

「急にAさんと仲良くなったの」

休み時間に話しかけるようになった。

連れ立ってトイレに行くようになった。

放課後、一緒に下校するのを見た。

「……長年女子やってると、ときどきグループを移る子を見かけるでしょ。それって大体は元グループと険悪になったパターンじゃない？」

私はうなずいた。

「でもヤブタさんは違うっていうか……。言葉ではっきり聞いたわけじゃないけど、そういうのって雰囲気でわかるでしょ」

オグルイさんは彼女の行動にとても奇妙なものを感じたという。

けれど直接自分に関わりがあることではない。

そして、言語化できない違和感を忘れるほどの時間が経ったころのことだ。

「図書館から戻る途中だったと思う。普段は使わない一階の西校舎のトイレの前を通って戻ろうとしたら二人がいたの」

ヤブタさんとAさんだ。どことなく人目を忍んでいるように見えた。

ヤブタさんは困った様子で、Aさんに何かを頼んでいる。

会話のほんの一部分だけが、通り過ぎるオグルイさんの耳に入った。

「『お願いだから』って」

何を頼んでいるのかまでは聞こえなかった。

懇願するヤブタさんと冷めたAさんの表情とが対照的だったという。

「そのちょっとあとだったかなあ。ヤブタさんがとうとう授業中に泣き出しちゃったの」

担任が授業を行っている最中のことだった。

嗚咽が聞こえ、クラスがざわつき始める。

左斜め後ろを振り返ると、ヤブタさんが鉛筆を持ったまま泣いていた。

ノートが涙を吸って水玉模様に波打っていたのが印象的だったそうだ。

「担任の先生、女の先生だったんだけど。どうしたのって理由を訊いたら」

——Aさんが。

何度先生が優しく問いただしても、ヤブタさんはそれしか言わなかった。

泣きながらAさんの名前を繰り返す彼女を見て担任は授業を中断する。

「途中から授業が学級会になっちゃって」

何かあったのと訊く先生に、Aさんは知らないわからないとしか答えない。

「Aさんがイジメをやる生徒には見えないし、今までは接点がなかった二人だから、先生かなり困ってた」

クラス中に訊ねるも、誰も何も語らない。

あの『髪舐め事件』のことも先生は知らされていない。

普段から生徒たちはこの担任教師に対して非協力的だった。

いわく、先生は嶺北出身であり言葉のイントネーションが嶺南とは違うため、一部の生徒が「先生の喋り方は変だ」と嫌っていたという。

そうこうしているうちに、何も進展しないまま授業時間は終わった。

「二人で放課後話し合いましょうってことになったんだけど……」

ヤブタさんの腹痛のせいでお流れになった。親が車で迎えに来て連れ帰ったらしい。

ならば後日に話し合いの席が設けられたのだろう、と思ったのだが。

「それから学校来なくなっちゃったの」

朝の会で彼女が入院したと知らされた。

『おなかの病気』らしい。

予想外の顛末に、泣き出したのは腹痛のせいだろうという空気が流れる。

不可解な出来事にもっともらしい解釈をつけ、全てがうやむやになった。

「体調が悪いときは変なことを言うのも仕方がない、みたいなね」

その後、ときおり漏れ聞く噂でヤブタさんの近況を知った。

心の病気でガリガリにやせ細り、開腹手術まで行ったらしい。

以前の美しい髪の持ち主とは思えないほど頭はボサボサになり、皮膚の病気かもしれないとまで囁かれた。

そして彼女たちが卒業するまで、一度も学校に戻ってくることはなかった。

「大変だなぁ、病気って怖いな、って」

当時のオグルイさんはその事実を素直に受け止めた。ヤブタさんに同情的になったりもした。

クラスメイトが突然入院して学校から去ったという出来事に、少なからずショックも受けた。

「でも……ある程度経って思い返すと、変じゃない？」

成長とともに些細な違和感が際立っていく。

精神的な病気で開腹手術にまで進展するようなことがあるのだろうか。

気にはなるが知識がないだけかもしれない。医学にさほど明るくはないのだから。

浮かび上がった違和感を再び心の底に沈める。

そうして時は流れ、偶然ネットで何かの記事を見ていたときのことだ。

「ラプンツェル症候群って知ってる？　四、五年前に初めて知ったんだけど」

ラプンツェルはグリム童話のひとつであり、今も世界中の子供たちに愛されている作品だ。

長く美しい髪がトレードマークのラプンツェルの名を冠する病気があるというのは私も初耳だった。

「ストレスで髪の毛抜いちゃう人とか、その髪の毛を食べちゃう人ってのがいるらしいのね。子供がなりやすいみたいで、どっちも精神的なものが原因らしいんだけど、読んでるうちにヤブタさんのこと思い出したの」

自分で自分の髪を引きちぎり、食す。

繰り返すうちに毛髪が胃の中で巨大な塊になる。

胃液や粘液によって食べ物などと結びつき、石のような固まり（毛髪胃石《もうはついせき》）となるらしい。

さらには髪のかたまりから尻尾のように毛髪の束が伸びていく。

塔から垂れさがるラプンツェルの髪さながらに、十二指腸や回腸、さらには結腸にまで、触手のごとく髪が侵食するのだという。

「治すには開腹手術で髪の毛の玉を取り出してやらないといけないんだって。そういえばヤブタさんも開腹手術してたなって」

確かにそうなのかもしれない。

しかしわからないことはまだある。

「髪を舐めるまでは普通だったんだよね。舐めたのもジャンケンか何かで負けたからで、別にイジメとかではないし。むしろそれまではシラワさんのグループで仲良くやってたみたいだったし」

ヤブタさんはなぜ心を病んだのか。

もともと周囲には計り知れない悩みを抱えていたのか、それとも。

「その記事を読んでから、髪を舐めたせいでおかしくなったんだとしか思えなくなっちゃって」

全く根拠はないんだけどね、と付け加える。オグルイさんの表情は硬い。

「Aさんの髪が甘いっていうの……あれ、やっぱり何か裏の意味があったんじゃないかなあ」

この話を聞いたあと、私はそれらしい噂はないかと調べてみた。

ネットで検索するも見当たらない。

髪を舐めるということについては、幼児がストレスを感じたときにやる困った癖という話や、性癖のひとつだという話ばかりが出てくる。

髪を使った呪いは昔からあるようだが、呪いたい相手の髪を用いるものばかりだ。

髪を舐めたことによって云々という話は見当たらない。

オグルイさんの言葉も気にはなったが、結局は推測であってそれ以上の何かは出てこない。

彼女には「また何か思い出したら連絡ちょうだい」と頼んでおいた。

経験上、こうは言っても再度連絡をいただくことはほとんどいない。

ところがオグルイさんは両親にもこの話をしてくれたらしく、二日後の夜に連絡があった。

「Aさんの話の続き、いる?」

もちろんと即答する。

「おばあちゃんが『A家のもんには関わるな』って言ってたでしょ。あれなんでなのかなって」

父方の祖母の話だ。

もう亡くなったらしいが、そのことについて父に尋ねてみたらしい。

「お父さんもわからないって。でも、やっぱり関わるなとは言われてたらしいよ。うちもそうだけど、Aさんのとこも昔からの家だから」

とすれば祖父母世代に何かあったのか。

聞きたくても他界していてはどうしようもない。

オグルイさんの父もオグルイさんと同程度の認識しかないようだが、一つだけ覚えていることがあると言う。

「あそこはゴボだから、って。ただの悪口だとは思うけど」

聞きなれない言葉だ。

どういう意味かを尋ねると。

「口もとが出てる感じ。出っ歯みたいなのを口ゴボって言うでしょ。でもよく考えたらこれって最近の言葉かな？」

「Aさんはそういう容姿だったの？」

私の問いにしばし間が空く。

「違ったと思う……いや、でもそれはお父さんの時代のA家の人の話だろうし。遺伝しなかったとか？」

「そっか。わざわざありがとう」

礼を述べ、最後にAさんの近況について尋ねた。

そこでAさんにまつわるオグルイさんとの会話は完全に終了した。

ここからは、私がその後に立てたただの推論だ。

いつものように怪談を集めていたとき、福井にまつわる憑き物の話を聞いた。

体験談ではなかったが、なかなか興味を惹く内容だった。

いわく福井には奇妙な力を持つ家筋が存在する。

その家筋の者が誰かに妬み嫉みの念を抱くと、睨まれた相手は頭痛や精神疾患を患うらしい。

死ぬほどではないにせよ視線だけで相手に災いをもたらすというのだから何とも厄介だ。

ゴボウの種の付着のしやすさになぞらえて、その者たちは『牛蒡種《ごぼうだね》』と呼ばれている。

牛蒡は地方によって「ゴンボ」とも呼ぶことから、ゴンボダネとも言うらしい。

そこまで知って、ふとオグルイさんの話を思い出した。

『あそこはゴボだから』。

彼女の父が祖母から聞いた言葉は、果たしてただの容姿批判だったのだろうか。

ゴンボダネがゴンボになり、そこからさらにゴボになった可能性はないだろうか。

Aさんの話についてまとめたものを読み返す。

心を病む前のヤブタさんは髪の美しさを褒められていた。

そこにAさんが口をはさんできた。

結果的にAさんの髪を舐めることとなった彼女は、その場の生徒たちの視線を集めたことだろう。

それはAさんがウソつきか否かが決まる場でもあったからだ。

ほとんどの生徒は好奇心からヤブタさんに注目した。
けれどAさんだけは少し違っていたはずだ。
彼女自身、本気で髪が甘いと思っていたのかウソだと自覚していたのかはわからない。
ただヤブタさんの回答一つでAさんの立場は変わる。
そのときの彼女の視線には、誰よりも強い思いがこもっていたのではないか。

Aさんは今、県外で暮らしているそうだ。

恍惚の三人

ヤワタさんは繊維関係の会社に勤める男性だ。

ある晴れた日の昼下がり、車で福井市の細い道を走っていた。

左側には民家、右側には福井鉄道の線路がある。道は線路に並行する形で伸びていた。

しばらく直進すると大きな通りと交差する十字路に出る。そこを右に曲がり、すぐ先にある某大型ショッピングセンターBに向かう予定だった。

しかし大通りは交通量が多く、なかなか右折できない。

加えて、先ほどまで道に並行するように伸びていた線路をまたぐための踏切がすぐ右手にあるため、車の流れが遅くなり、なおさら進みづらかった。

「連れもいないし、ゆっくり待つつもりでした」

信号がないのでいつ進めるかわからない。

気長に構えていると、左のサイドミラーに歩行者が見えた。

「いつ近づいてきたのかわかりませんでした。気づいたときには、三人の女性が私の車のすぐ脇に立ってたんです」

全員、六、七十代くらいだろうか。

髪型や顔立ちは違ったが、三人とも似たような背格好をしていた。

皆が皺の寄った灰色のワンピースを着ている。

どこかの店の制服かもしれないと思ったそうだが、今までに見かけた覚えはないし、そういった雰囲気の服でもない。

何より奇妙なのは、全員が無言で車内を覗き込んでいたことだった。

「三人とも、にこにこしながら私の車の後部座席を覗いてたんです」

車の中はヤワタさんひとりだ。後部座席に何か変わったものを乗せているわけでもない。

それでも女性たちは微笑ましげに、何の変哲もない空っぽのシートに見入っている。

気になった彼は助手席の窓を開け、三人に声をかけた。

「何？　何？　って、何度も声を掛けました」

しかし反応はない。

後部座席に身を乗り出し、三人の視界をさえぎるように手を振ってみた。

「完全に無反応でした。視線ひとつ動かさないんです」

静止画のように瞬きすらしなかったらしい。

三人のあいだで言葉を交わすわけでもなく、ただ静かに微笑みながら後部座席を見つめ続けた。

あまりにも幸せそうな表情に、身の毛もよだつ恐怖を覚えたという。

「だって異様でしょう。とにかく早く逃げたくて」

普段は安全運転を心がけているという彼も、今回ばかりは強引に車を動かした。

踏切のある道にじりじりと進入し、無理やりその場を立ち去ったそうだ。

「例えばですよ。私の方がおかしかったとしても、全員が私を無視する理由は何だったんでしょうね？」

言葉を選びながら語ってくれたあと、こう漏らした。

「……見えちゃいけないものが見えてたのって、一体どっちの方だったんでしょう」

福井怪談

2021年9月6日　初版第一刷発行

著者……………………………………………………………………三石メガネ
カバーデザイン……………………………………………橋元浩明（sowhat.Inc）

発行人……………………………………………………………………後藤明信
発行所………………………………………………………………株式会社　竹書房
〒102-0075　東京都千代田区三番町8-1　三番町東急ビル6F
email: info@takeshobo.co.jp
http://www.takeshobo.co.jp
印刷・製本……………………………………………………中央精版印刷株式会社